Anthony de Mello

Meditieren mit Leib und Seele

Anthony de Mello

Meditieren mit Leib und Seele

Neue Wege der Gotteserfahrung

Übersetzung und Nachwort
von Martin Kämpchen

Butzon & Bercker

Die Originalausgabe erschien unter dem Titel „Sadhana. A Way to God". © 1978 Anthony de Mello S. J. / Gujarat Sahitya Prakash Publishers, Catholic Church, Anand, Kaira Dt. Gujarat 388 001, India.

Die Heilige Schrift wurde zitiert nach:
Einheitsübersetzung der Heiligen Schrift, © Katholische Bibelanstalt, Stuttgart 1980.

Bibliografische Information der Deutschen Nationalbibliothek

Die Deutsche Nationalbibliothek verzeichnet diese Publikation in der Deutschen Nationalbibliografie; detaillierte bibliografische Daten sind im Internet über http://dnb.d-nb.de abrufbar.

e verlags gruppe engagement

Das Gesamtprogramm von Butzon & Bercker finden Sie im Internet unter www.bube.de

ISBN 978-3-7666-1235-9

Neuausgabe 2008

Umschlagbild: Olga Lyubkina – Fotolia.com
Umschlaggestaltung: Elisabeth von der Heiden, Geldern
Satz: Schröder Media GbR, Dernbach
Printed in Germany

Inhalt

Vorbemerkung 9

Einführung 11

Wahrnehmungsübungen

Übung 1 Der Reichtum des Schweigens 17
Übung 2 Körperempfindungen 20
Übung 3 Körperempfindungen. Disziplin der Gedanken 27
Übung 4 Disziplin der Gedanken 32
Übung 5 Atem-Empfindungen 37
Wahrnehmung und Meditation 40
Übung 6 Gott in meinem Atem 52
Übung 7 Atem-Kommunikation mit Gott 53
Übung 8 Still werden 56
Übung 9 Gebet des Körpers 61
Übung 10 Die Berührung Gottes 66
Übung 11 Geräusche 68
Übung 12 Konzentration 73
Übung 13 Gott in allen Dingen finden 76
Übung 14 Wahrnehmung vom anderen 78
Welchen persönlichen Gewinn können wir aus Wahrnehmungsübungen ziehen? 82

Welchen Gewinn zieht eine Gruppe aus den Wahrnehmungsübungen? 84
Meditation ist leichter in einer Gruppe 86
Der besondere Wert der Körperbewusstheit *(body awareness)* 88

Fantasieübungen

Übung 15 Dort und hier 93
Übung 16 Der Ort des Gebets 98
Übung 17 Die Rückkehr nach Galiläa 100
Übung 18 Die freudenreichen Geheimnisse unseres Lebens 103
Übung 19 Die schmerzensreichen Geheimnisse unseres Lebens 107
Übung 20 Befreiung von Ressentiments 109
Übung 21 Der leere Stuhl 113
Übung 22 Ignatianische Meditation 115
Übung 23 Symbolkraft der Fantasie 124
Übung 24 Heilung schmerzlicher Erinnerungen 129
Übung 25 Der Wert des Lebens 130
Übung 26 Das Leben in der rechten Perspektive sehen 137
Übung 27 Wahrnehmungsübung über die Vergangenheit 140

Übung 28 Wahrnehmungsübung über die Zukunft 144
Übung 29 Wahrnehmung von Personen 146

Andachtsübungen

Übung 30 Die „benediktinische“ Methode 153
Übung 31 Mündliches Gebet 160
Übung 32 Das Jesusgebet 164
Übung 33 Die tausend Namen Gottes 169
Übung 34 Spüre seinen Blick 171
Übung 35 Das Herz Christi 173
Übung 36 Der Name als Gegenwart 176
Übung 37 Fürbitten 177
Übung 38 Bittgebete 184
Übung 39 Jesus, der Erlöser 188
Übung 40 Sätze der Evangelien 190
Übung 41 Heiliges Verlangen 191
Übung 42 Gott im Mittelpunkt unseres Lebens 195
Übung 43 Die lebendige Flamme der Liebe . . . 197
Übung 44 Das Gebet des Lobpreises 198

Nachwort des Übersetzers 205

Die Bücher von Father Anthony de Mello wurden geschrieben in einem multi-religiösen Kontext, um Anhängern anderer Religionen, Agnostikern und Atheisten in ihrer spirituellen Suche zu helfen, und sie waren vom Autor nicht gedacht als Instruktions-Handbücher für Katholiken, die an christliche Doktrinen und Dogmen glauben.

Vorbemerkung

Alle Übersetzungen ringen mit dem Problem, schwer auslotbare Wortinhalte von einer Sprache in die andere zu übernehmen, vor allem dann, wenn, wie in diesem Buch, ein fremder philosophisch-religiöser Zusammenhang übersetzt werden soll. Dieses komplexe Problem lässt sich nur lösen, wenn man die Grundworte nicht nur mit einem deutschen Begriff wiedergibt, sondern dem Kontext entsprechend variiert.
Im spirituellen Wortinhalt sind das englische *awareness* und *consciousness* nahezu identisch; *awareness* haben wir fast immer mit „Wahrnehmung“ übersetzt, was nicht „sinnliche“ Wahrnehmung bedeutet, sondern das Erfühlen und Bewusstwerden innerer Zustände; manchmal wurde auch „Bewusstsein“ gewählt, selten „Bewusstheit“ (*body awareness* = Körperbewusstheit); für *consciousness* steht, je nach Zusammenhang, „Bewusstsein“ oder „Wahrnehmung“. Wie im Nachwort erklärt, ist „Bewusstsein“ ein Grundwort indischer Befindlichkeit.

Contemplation ist mit dem Wort „Meditation“ am ehesten getroffen, wobei an den modernen Inhalt gedacht ist, der von den östlichen Religionen übernommen ist und mit Einübung in einfache, reine Bewusstseinsinhalte wiedergegeben werden kann – nicht an den christlich-monastischen Inhalt im

Sinne einer Schrift-Meditation. Da und dort musste das Wort aber auch mit „Kontemplation“ übersetzt werden.

Fantasy ist „Fantasie“ oder „Vorstellung“. Wir übersetzten meist mit dem ersten Begriff, wobei aber nur an „gezügelte, gerichtete Fantasie“ gedacht ist.

Der Übersetzer

Einführung

In den letzten fünfzehn Jahren meines Lebens habe ich in meiner Eigenschaft als Exerzitienmeister und Seelenführer versucht, Menschen zum Gebet zu führen. Dutzende von Menschen beklagen sich bei mir darüber, dass sie nicht wissen, wie man betet; dass sie trotz aller Bemühung keine Fortschritte im Gebet machen; dass sie Beten langweilig und frustrierend finden. Sogar viele Seelenführer gestehen ihre Hilflosigkeit ein, wenn es darum geht, andere beten zu lehren oder, um es deutlicher auszudrücken: ihnen zu helfen, wie sie Freude und Erfüllung im Gebet finden.

Das erstaunt mich eigentlich, denn ich habe es immer als recht einfach empfunden, Menschen zum Gebet zu führen. Das liegt sicherlich nicht bloß an einem persönlichen Charisma, sondern auch an einigen sehr einfachen Grundsätzen, die ich in meinem eigenen Gebetsleben und in meinen Ratschlägen für andere befolge. Einer dieser Grundsätze ist, dass das Gebet eine Übung ist, die Erfüllung und Zufriedenheit bringt, und dass es völlig gerechtfertigt ist, dergleichen im Gebet zu suchen. Ein anderer ist, dass man weniger mit dem Kopf als vielmehr mit dem Herzen beten soll. Mehr noch: Je rascher es vom Kopf weg zum Herzen rückt, desto mehr Freude und Nutzen bringt es. Viele Priester und Ordensleute setzen Beten mit Denken gleich. Das ist ihr Unglück.

Ein Jesuitenfreund erzählte mir einmal, er habe einen Hindu-Guru gebeten, ihn in die Kunst des Betens einzuweihen. Der Guru sagte ihm: „Konzentriere dich auf deinen Atem." Mein Freund tat es etwa fünf Minuten lang. Dann sagte der Guru: „Die Luft, die du atmest, ist Gott. Du atmest Gott ein und aus. Werde dir dessen bewusst und verweile in diesem Bewusstsein." Mein Freund musste sich zunächst theologisch ein wenig umstellen; dann befolgte er diesen Rat – stundenlang, Tag für Tag. Er entdeckte zu seinem Erstaunen, dass Beten so einfach sein kann wie Einatmen und Ausatmen. Und: Er entdeckte in dieser Übung eine Tiefe und Befriedigung und spirituelle Nahrung, die er in den vielen Stunden, die er bisher dem Gebet gewidmet hatte, nicht hatte finden können.

Die Übungen, die ich hier vorlege, folgen derselben Grundrichtung, die jener Hindu-Guru gewiesen hat, den ich übrigens niemals kennengelernt habe. Ich habe mir noch einige andere Leitsätze über das Gebet zu eigen gemacht. Diese werde ich jeweils im Zusammenhang mit den Übungen erörtern und dann erklären, welche Grundsätze den jeweiligen Übungen zugrunde liegen.

Die vorliegenden Übungen habe ich häufig in Gruppenexerzitien angeboten. Ich nenne sie *Gebetsgruppen* oder noch genauer: *Meditationsgruppen („Contemplation Groups").* Entgegen landläufiger Meinung gibt es tatsächlich so etwas wie eine Gruppenmeditation. Ich würde sogar sagen, dass man in bestimmten Situationen Meditation nutzbringender in einer Gruppe als allein übt. Ich habe die Übungen in diesem Buch in beinahe genau der Form und in der Sprache niedergeschrieben, wie ich sie Gruppen anbiete. Wenn Sie eine Meditationsgruppe führen und dieses Buch als Grundlage benutzen wollen, brauchen Sie nur den Text jeder Übung langsam der Gruppe vorzulesen und achtzugeben, dass die Anweisungen des Textes befolgt werden. Man muss nur langsam lesen, mit vielen Pausen, besonders an jenen Stellen, die mit ... gekennzeichnet sind.

Das Vorlesen allein macht Sie natürlich noch nicht zu einem guten Leiter einer Meditationsgruppe. Sie selbst müssen eine Art „Fachmann" auf dem Gebiet der Meditation sein. Sie müssen ein wenig von dem, was Sie vorlesen, erfahren haben. Und Sie brauchen das Geschick, Seelen zu führen. Diese Übungen sind kein Ersatz für persönliche Erfahrungen und spirituelle Sachkenntnis. Doch können sie als ein guter Anfang dienen, und sie werden Ihnen und Ihrer Gruppe gewiss guttun. Mit Absicht habe ich Übungen weggelassen, zu denen nur jemand, der besonders geübt ist im Gebet und in der Meditation, anleiten kann. Sollten bei bestimmten Übungen gewisse Gefahren bestehen, werde ich erklären, wie sie vermieden werden können.

Ich widme dieses Buch der heiligen Jungfrau Maria, die für mich immer ein Vorbild in der Meditation gewesen ist. Sie ist noch mehr: Ich bin überzeugt, dass ich und viele Menschen, die ich geführt habe, durch ihre Fürsprache Gnaden des

Gebets empfangen haben, die uns sonst niemals zugefallen wären. Hier ist also mein erster Ratschlag an Sie, wenn Sie Fortschritte in der Kunst der Meditation machen wollen: Suchen Sie ihren Schutz und bitten Sie um ihre Fürsprache, bevor Sie diesen Weg betreten. Sie besitzt das Charisma, den Heiligen Geist auf die Kirche herabzuziehen, wie es bei der Verkündigung und zu Pfingsten, als sie mit den Aposteln betete, geschehen ist. Wenn sie mit Ihnen und für Sie betet, dann können Sie sich sehr glücklich schätzen.

Wahrnehmungsübungen

Übung 1 Der Reichtum des Schweigens

„Schweigen ist die große Offenbarung", hat Laotse gesagt. Wir haben uns daran gewöhnt, die Heilige Schrift für die Offenbarung Gottes zu halten. Und das ist auch richtig. Nun aber sollst du die Offenbarung des Schweigens entdecken. Um die Offenbarung aufzunehmen, welche die Heilige Schrift anbietet, musst du dich innerlich der Heiligen Schrift öffnen. Um die Offenbarung des Schweigens aufzunehmen, musst du zunächst das Schweigen erfahren. Das ist nicht leicht. Wir wollen es in unserer ersten Übung versuchen.

Jeder soll eine bequeme Sitzhaltung einnehmen. Schließt die Augen.

Ich lade euch ein, etwa zehn Minuten lang Schweigen zu bewahren. Versucht, still zu werden, so vollkommen wie möglich – versucht, ein Schweigen des Herzens und der Gedanken zu erreichen. Habt ihr es erreicht, öffnet euch den verschiedenen Offenbarungen des Schweigens.

Nach zehn Minuten bitte ich euch, die Augen zu öffnen und uns mitzuteilen, was ihr getan und was ihr in diesen zehn Minuten erfahren habt.

...

Erzählt uns dabei auch, auf welche Weise ihr euch um Schweigen bemüht habt und wie erfolgreich eure Bemühungen waren. Beschreibt dieses Schweigen, so gut ihr könnt. Schildert, was ihr in diesem Schweigen erfahren habt. Sprecht alles aus, was ihr während dieser Übung gefühlt und gedacht habt.

Die Erfahrung, die diese Übung vermittelt, ist von Mensch zu Mensch verschieden. Die meisten entdecken zu ihrer Überraschung, dass sie an Schweigen einfach nicht gewöhnt sind. Auch mit der größten Anstrengung können sie nicht das ständige Umherschweifen der Gedanken unterbinden oder den Aufruhr der Gefühle beruhigen. Andere spüren, wie sie sich den Anfängen des Schweigens nähern. Dann erfasst sie Panik und sie kehren um. Schweigen kann ein furchterregendes Erlebnis sein.
Kein Grund zur Entmutigung. Selbst dieses Umherschweifen der Gedanken ist eine große Offenbarung, nicht wahr? Die Tatsache, dass du umherschweifende Gedanken hast: Ist das nicht eine Offenbarung von dir selbst? Es genügt nicht, das zu wissen. Du musst dir Zeit lassen, die umherschweifenden Gedanken zu *erfahren*. Und die *Art, wie* deine Gedanken umherschweifen, welche Wege sie gehen: Auch das ist eine Offenbarung!
Und nun ein Wort der Ermutigung: Die Tatsache, dass dir überhaupt bewusst wird, wie sehr deine Gedanken umherschweifen, dass du den inneren Aufruhr und deine Unfähigkeit, ruhig zu sein, wahrnimmst, zeigt, dass du doch ein wenig

Schweigen in dir hast, genug zumindest, dass dir diese Dinge bewusst werden.

Schließe die Augen wieder und werde dir deiner umherschweifenden Gedanken bewusst … nur zwei Minuten lang …

Nun empfinde das Schweigen, durch das du deine umherschweifenden Gedanken wahrnehmen konntest.

Auf dieser Stufe des Schweigens – es ist die „unterste“ Stufe – werden wir die folgenden Übungen aufbauen. Während es wächst, wird es dir immer mehr über dich selbst offenbaren. Oder genauer: Das Schweigen wird dir dich selbst offenbaren. Das ist seine erste Offenbarung: du selbst. In und durch diese Offenbarung wirst du Dinge erlangen, die du mit keinem Geld der Welt kaufen kannst – Dinge wie Weisheit, Heiterkeit, Freude und Gott.
Um diese unbezahlbaren Dinge zu bekommen, genügt es nicht, nachzudenken, zu reden, zu diskutieren. Du wirst dich abmühen müssen. Mache dich sofort an die Arbeit.

Schließe die Augen. Bemühe dich noch einmal fünf Minuten lang um Schweigen.

Überlege am Ende der Übung, ob deine Versuche diesmal erfolgreicher waren oder weniger erfolgreich.

Überlege, ob das Schweigen dir diesmal etwas gezeigt hat, was du das letzte Mal nicht bemerkt hattest.

Suche in den Offenbarungen des Schweigens nicht nach aufregenden Dingen – nach Eingebungen, Inspirationen, Einsichten. *Suche* überhaupt nicht. Beschränke dich darauf, zu *beobachten*. Bemerke alles, was in dein Bewusstsein kommt. Alles, und sei es noch so banal und gewöhnlich. Die Offenbarungen bestehen vielleicht nur in dem Bewusstsein, dass deine Hände feucht sind, dass du gern deine Sitzhaltung ändern würdest oder dass du dir Sorgen um deine Gesundheit machst. Das aber ist ohne Bedeutung. Wichtig ist, dass du dir dessen bewusst geworden bist. Der Inhalt dieser Wahrnehmung ist weniger wichtig als ihre Intensität. Je intensiver die Wahrnehmung wird, desto tiefer wird das innere Schweigen. Und während das Schweigen tiefer wird, erlebst du eine Wandlung. Und zu deiner Freude wirst du entdecken, dass Offenbarung nicht in Wissen besteht, sondern in Kraft; eine geheimnisvolle Kraft, die eine Umwandlung in dir bewirkt.

Übung 2 Körperempfindungen

Wähle eine Körperhaltung, die bequem und entspannt ist. Schließe die Augen.

Werde dir nun gewisser Körperempfindungen bewusst, die du in diesem Augenblick zwar spürst, die dir aber nicht deutlich bewusst waren … Nimm wahr, wie die Kleider deine Schultern berühren … Nimm wahr, wie die Kleider den Rücken berühren oder wie die Lehne des Stuhls, auf dem du sitzt, den Rücken berührt … Werde dir nun deiner Hände bewusst, wie sie sich berühren oder auf deinem Schoß liegen … Nun werde dir deiner Oberschenkel oder deines Gesäßes bewusst, wie sie gegen den Stuhl drücken … Spüre nun die Füße, wie sie die Schuhe berühren … Nun werde dir deutlich deiner Sitzhaltung bewusst …

Noch einmal: deine Schultern … dein Rücken … deine rechte Hand … deine linke Hand … deine Oberschenkel … deine Füße … deine Sitzhaltung …

Und wieder: Schultern … Rücken … rechte Hand … linke Hand … rechter Oberschenkel … linker Oberschenkel … rechter Fuß … linker Fuß … Sitzhaltung …

Wandere nun in deiner Vorstellung nach eigener Wahl von einem Körperteil zum anderen. Konzentriere dich nicht länger als ein paar Sekunden auf jeden einzelnen Körperteil – Schultern, Rücken, Oberschenkel usw. … Konzentriere dich auf einen Körperteil nach dem anderen …

Du kannst dich auf die Körperteile konzentrieren, die ich genannt habe, oder auf andere: deinen Kopf, deinen Nacken, deine Arme, deine

Brust, deinen Magen ... Wichtig ist, dass du von jedem Körperteil, mit dem du dich befasst, das *Gefühl* bekommst, die *Empfindung*, dass du sie ein paar Sekunden behältst und dann weiterschreitest ...

Öffne nach fünf Minuten die Augen langsam und beende die Übung.

Diese einfache Übung gibt den meisten Menschen sofort ein Gefühl des Entspanntseins. In den meisten Gruppen fühlt sich der eine oder andere bei dieser Übung so entspannt, dass er einschläft!
Einer der größten Feinde des Gebets ist nervöse Spannung. Diese Übung hilft dir, sie zu lösen. Sie folgt einer einfachen Regel: Du entspannst dich, indem dir deine Körperempfindungen so bewusst werden wie nur möglich, indem dir die Leute in deiner Umgebung, dein Atem, der Geschmack in deinem Mund bewusst werden. Du entspannst dich, indem du deine Sinne gebrauchst.
Zu viele Menschen leben *kopflastig*; sie sind sich meist nur der Gedanken und Fantasien in ihren Köpfen bewusst und viel zu wenig der Tätigkeit der Sinne. Die Folge davon ist, dass sie selten im gegenwärtigen Augenblick leben. Sie halten sich fast immer in der Vergangenheit oder in der Zukunft auf. In der Vergangenheit, wenn sie Fehler bedauern, die sie früher begangen haben, sich wegen vergangener Sünden schuldig fühlen, sich ihre eigenen Leistungen aus der Vergangenheit vor Augen führen oder Groll hegen wegen der Beleidi-

gungen, die ihnen andere einmal zugefügt haben. Oder in der Zukunft, indem sie mögliches Unheil und mögliche unerfreuliche Begebenheiten befürchten, sich erwartungsvoll mit Zukunftsfreuden beschäftigen und von zukünftigen Ereignissen träumen.

Sich an die Vergangenheit zu erinnern, um aus ihr Gewinn zu ziehen oder um sich von Neuem an ihr zu erfreuen; sich mit der Zukunft zu befassen, um sie realistisch zu planen: Das hat wertvolle Funktionen, vorausgesetzt, es entfremdet uns nicht zu lange der Gegenwart. Wer gut beten will, der muss unbedingt die Fähigkeit entwickeln, mit der Gegenwart in Berührung zu kommen und in ihr zu verweilen. Und ich kenne keine bessere Methode, in der Gegenwart zu verweilen, als von der Kopflastigkeit zu den Sinneswahrnehmungen zurückzukehren.

Fühle die Hitze oder die Kälte der Luft um dich. Fühle den leichten Wind, wie er deinen Körper streichelt. Fühle die Hitze der Sonne, wie sie deine Haut berührt. Fühle die Struktur des Gegenstandes, den du berührst …, fühle, ob er warm ist oder kühl … und sieh selbst, wie sich dein Leben verändert. Spüre, wie du lebendig wirst, weil du in die Gegenwart einkehrst. Wer einmal in diese Technik der bewussten Sinneswahrnehmung eingeübt ist, wird mit Staunen feststellen, wie er sich verändert, zumal wenn er sich bisher häufig Sorgen um die Zukunft gemacht oder sich schuldig für die Vergehen der Vergangenheit gefühlt hat.

Noch ein Wort gegen die „Verkopfung“: Der Kopf ist kein guter Ort für das Gebet. Er ist kein schlechter Ort, das Gebet zu *beginnen*. Doch wenn dein Gebet zu lange im Kopf bleibt und nicht in das Herz eindringt, wird es langsam austrocknen, lästig und frustrierend werden. Du musst lernen, den Bereich des Denkens und Redens zu verlassen und in den Bereich des Fühlens, Empfindens, der Liebe und der Intuition einzudringen. In diesem Bereich wird die Kontemplation geboren, und Gebet wird eine umwandelnde Kraft und eine Quelle von Freude und Friede, die niemals enden werden.

Möglicherweise fühlen sich einige – wenige – Menschen nach dieser Übung noch verkrampfter als vorher, anstatt Entspannung und Frieden zu fühlen. Wenn dir das passiert, dann werde dir dieser Verkrampfung bewusst. Bemerke, wie ein Teil deines Körpers verkrampft ist. Beobachte genau, wie sich die Verkrampfung anfühlt. Werde dir der Tatsache bewusst, dass du dich verkrampfst, und beobachte genau, wie du es tust.

Wenn ich die Worte „bemerke“, „beobachte“ gebrauche, meine ich nicht gedankliches Reflektieren, sondern Fühlen und Spüren. Ich kann gar nicht oft genug wiederholen, dass diese Übung das Gefühl aktiviert, nicht das Denken. Es gibt Menschen, die unfähig dazu sind, ihre Arme oder Beine oder Hände zu *spüren*. Sie schaffen ein Gedankenbild jener Teile ihres Körpers. Sie wissen, wo diese Körperteile sind, und sie werden sich dieses Wissens bewusst. Aber die Körperteile selbst *spüren* sie nicht.

Diesen Mangel kannst du am besten dadurch beheben, indem du dich mit so vielen Empfindungen wie möglich in jedem dieser Körperteile befasst: in deinen Schultern, deinem Rücken, deinen Oberschenkeln, Händen, Füßen; das bewahrt dich auch davor, ein Gedankenbild für eine gefühlte Erfahrung zu halten. Du wirst leichter mit Menschen sympathisieren, die ihre Körperglieder nicht fühlen können, denn du wirst wahrscheinlich an dir selbst feststellen, dass zu Anfang nur zu einem geringen Teil die Oberfläche dieser Glieder Empfindungen „hergibt". Du wirst von vielen Bereichen deines Körpers überhaupt keine Empfindungen empfangen, weil dein Empfindungsvermögen von deiner Verkopfung erdrückt worden ist. An der Hautoberfläche finden unzählige biochemische Reaktionen statt, die wir Empfindungen nennen, und du empfängst mit Mühe ein paar davon! Du hast dich gegen dein Gefühl verhärtet – wahrscheinlich wegen einer Kränkung oder eines emotionalen Konfliktes, den du inzwischen längst vergessen hast. Und deine Wahrnehmung, dein Bewusstsein, deine Konzentrationskräfte sind noch grob und unentwickelt. Später werde ich erklären, welche Beziehung diese Übung zum Gebet hat und weshalb für viele Menschen diese Übung selbst eine Art der Meditation ist. Im Augenblick wollen wir sie nur als eine Vorbereitung zum Gebet und zur Meditation auffassen, als ein Mittel, Entspannung und Stille zu finden, ohne die Gebet schwierig, sogar unmöglich wird.

Schließe noch einmal die Augen. Achte auf Empfindungen an verschiedenen Teilen deines Körpers.

Ideal wäre, wenn du die verschiedenen Teile deines Körpers nicht einmal mit Namen belegtest, wie „Hände“ oder „Beine“ oder „Rücken“, sondern einfach von einer Wahrnehmung zur anderen weitergingest.

Wenn du den Drang spürst, deine Körperhaltung zu verändern, gib ihm nicht nach. Werde dir dieses Dranges bewusst und einer körperlichen Unbequemlichkeit, die vielleicht zu diesem Drang führt.

Verharre in dieser Übung einige Minuten lang. Allmählich wirst du eine gewisse Ruhe in deinem Körper spüren. Verweile nicht ausdrücklich in dieser Ruhe. Setze deine Wahrnehmungsübung fort und lass die Ruhe für sich wirken.

Wenn du beginnst, zerstreut zu werden, kehre erneut zur Wahrnehmung der Körperempfindungen zurück, gehe von einer zur anderen weiter, bis dein Körper wieder ruhig wird und sich deine Gedanken zusammen mit dem Körper beruhigen und du wieder diese Ruhe empfindest, die Frieden bringt und ein Vorgeschmack der Meditation und Gottes ist. Doch, ich wiederhole, verweile nicht ausdrücklich in dieser Ruhe.

Warum nicht in der Ruhe verweilen, die du wahrscheinlich während dieser Übung erfahren wirst?

Das kann entspannend und sogar wunderbar sein. Doch verweilst du in dieser Ruhe, läufst du Gefahr, einen leichten Trancezustand oder eine Gedankenleere herbeizuführen. Das bringt dich dem Meditationsziel nicht näher und ähnelt eher einer Selbsthypnose, die nichts zu tun hat mit einer Schärfung der Wahrnehmung oder mit Meditation.
Es ist also wichtig, dass du nicht vorsätzlich diese Ruhe verursachst und nicht ausdrücklich in ihr verweilst. Du musst eine Schärfung der Wahrnehmung suchen, nicht ihre Abstumpfung, die die Folge eines Trancezustandes wäre, sei er noch so leicht. Also *trotz* der Ruhe und in dieser Ruhe musst du deine Wahrnehmungsübung weiterbetreiben und die Ruhe für sich allein weiterwirken lassen.
Es wird Augenblicke geben, in denen diese Ruhe oder diese Leere so machtvoll ist, dass sie alle Übungen und alle deine Bemühungen unmöglich macht. Dann suchst nicht du die Ruhe, sondern die Ruhe nimmt von dir Besitz und überwältigt dich. Geschieht das, dann kannst du unbesorgt und mit Gewinn alle eigenen Bemühungen (die ohnehin unnütz geworden sind) aufgeben und dich dieser überwältigenden Ruhe in dir anvertrauen.

Übung 3 Körperempfindungen. Disziplin der Gedanken

Diese Übung ist eine Vertiefung der vorherigen. Die letzte Übung dürfte dir sehr einfach vorgekommen sein – so einfach, dass sie vielleicht enttäuschend war. Aber Meditation ist tatsächlich eine ganz einfache Sache. Wer darin fortschreiten will, braucht nicht immer kompliziertere Techniken anzuwenden, sondern muss in der Einfachheit ausharren, was den meisten Leuten schwerfällt. Halte deine Langeweile aus. Widerstehe der Verlockung, etwas Neuartiges zu suchen, und suche stattdessen Tiefe.

Du musst diese und die letzte Übung über einen langen Zeitraum hinweg üben, um ihre volle Wirkung zu erfahren. Einmal habe ich buddhistische Exerzitien mitgemacht, bei denen wir zwölf bis vierzehn Stunden täglich unseren Atem beobachteten: wie die Luft in die Nasenlöcher einströmt und wieder ausströmt. Keine Abwechslung, keine Aufregung, kein Gedankeninhalt, mit dem wir unser Denken beschäftigen konnten! Ich erinnere mich lebhaft an den Tag, an dem wir uns mehr als zwölf Stunden damit beschäftigten, uns aller Empfindungen in dem winzigen Bereich zwischen den Nasenlöchern und der Oberlippe bewusst zu werden! Die meisten empfanden überhaupt nichts, stundenlang, und nur durch geduldige, hartnäckige Bemühungen um Konzentration und Bewusstmachung erreichten wir es, dass dieser widerspenstige Bereich doch Empfindungen hergab.

Welchen Nutzen hat das alles für unser Gebet?, wirst du fragen. Im Augenblick gebe ich dir nur diese eine Antwort: Frage nicht! Tue, um was ich dich bitte, und die Antwort wirst du selber entdecken. Die Wahrheit findet sich weniger in Worten und Erklärungen als in Tätigkeit und Erfahrung. Mach dich an die Arbeit, mit Glauben und Ausdauer (und du wirst eine Menge davon nötig haben!), dann wirst du eines Tages die Antwort selbst *erfahren*.

Du wirst dann auch eine Abneigung verspüren, die Fragen anderer, auch anscheinend praktische Fragen zu diesem Thema zu beantworten. Diese ganzen Fragen wollen doch nur eins: „Wie mache ich es richtig? Zeig es mir!“ Und die einzige richtige Antwort darauf ist: „Öffne deine Augen, sieh selbst!“ Es ist mir lieber, wenn du mich auf den Berggipfel begleitest und wir gemeinsam den Sonnenaufgang erleben, als dass ich dir glühende Beschreibungen geben muss, wie ein Sonnenaufgang vom Berggipfel ausschaut. „Komm her und sieh selbst“, sagte Jesus zu zweien seiner Apostel.

Die ganze Herrlichkeit eines Sonnenaufgangs in den Bergen und noch viel mehr: Das ist in einer so eintönigen Übung enthalten, in der man sich stundenlang und Tag für Tag bemüht, sich seiner Körperempfindungen bewusst zu werden. Komm her und sieh selbst! Wahrscheinlich hast du nicht die Muße dazu, dieser Übung viele Stunden und Tage zu widmen. Ich schlage deshalb vor, dass du jede Gebetszeit mit dieser Übung beginnst. Betreibe sie, bis du Frieden und Ruhe findest, dann verrichte dein Gebet, gleich welcher Art es ist. Mit Gewinn kannst du diese Übung auch zu anderen Tageszeiten machen, wenn gerade ein Augenblick Zeit ist,

zum Beispiel, wenn du auf einen Bus oder einen Zug wartest, wenn du müde und angespannt bist und etwas Erholung brauchst, wenn du ein paar Minuten Zeit hast und nicht weißt, wie du sie verbringen sollst.
Es wird eine Zeit kommen, hoffe ich, dann wird deine Freude an diesen Wahrnehmungsübungen so groß sein, dass du gar keine andere Art des Gebets mehr üben willst. Dann wird es ratsam sein, dabei zu bleiben und die tiefe und echte Möglichkeit zur Meditation zu entdecken, die in dieser einfachen Übung verborgen ist. Auf diese Art Meditation komme ich noch zu sprechen.
Beginnen wir nun die nächste Übung. Sie kann in wenigen Sätzen beschrieben werden. Doch muss sie immer wieder geübt werden. In meinen Meditationsgruppen beginne ich jeweils mit diesen Übungen und widme ihnen ein paar Minuten. Ich empfehle allen in der Gruppe, sie täglich einige Minuten lang – morgens, mittags und abends – zu üben.

> Schließe die Augen. Wiederhole die letzte Übung. Werde dir aller Empfindungen bewusst, die du aufnehmen kannst, während du von einem Teil des Körpers zum anderen wanderst. Bleibe bei dieser Übung fünf bis zehn Minuten lang.
>
> Wähle jetzt einen kleinen Bereich deines Gesichts: deine Stirn zum Beispiel, eine Wange oder dein Kinn. Versuche, so viele Empfindungen wie möglich aus diesem Bereich zu empfangen.

Am Anfang wird dieser Bereich ganz ohne Empfindungen erscheinen. In diesem Fall kehre für eine Weile zur vorherigen Übung zurück. Dann versuche es von Neuem. Und versuche es immer wieder, bis du eine Empfindung, und sei sie noch so schwach, spürst. Wenn das der Fall ist, dann konzentriere dich darauf. Vielleicht verschwindet sie wieder. Vielleicht wechselt die Empfindung. Andere Empfindungen können rundherum aufschießen.

Sei dir der Empfindungsweisen bewusst, die erscheinen: Jucken, Stechen, Brennen, Ziehen, Vibrieren, Pochen, Gefühllosigkeit ...

Bist du zerstreut, kehre geduldig zu dieser Übung zurück, sobald dir bewusst ist, dass du zerstreut bist.

Ich beende dieses Kapitel, indem ich eine verwandte Übung anbiete, die außerhalb der Gebetszeit gemacht werden kann. Wenn du gehst, werde dir eine Zeit lang der Bewegungen deiner Beine bewusst. Das kannst du überall tun, sogar auf einer belebten Straße. Es kommt nicht darauf an, dass du weißt: „Meine Beine bewegen sich“, sondern dass du das *Gefühl* für die Bewegungen bekommst. Das wird eine beruhigende, besänftigende Wirkung auf dich haben. Du kannst sogar eine Konzentrationsübung daraus machen, doch musst du dann einen einsamen Ort wählen, wo du nicht so leicht von anderen gesehen wirst. Diese Übung sieht so aus:

Wenn du in einem Zimmer oder auf einem Korridor auf und ab gehst, verlangsame deine Schritte so stark, dass du dir jeder Bewegung deiner Beine vollkommen bewusst wirst. Werde dir bewusst: wie du den linken Fuß hebst ... wie du den linken Fuß vorwärtsbewegst ... wie er den Boden berührt ... wie sich dein Körpergewicht auf das linke Bein verlagert ...

Nun, wie du den rechten Fuß hebst ... wie du ihn vorwärtsbewegst ... wie er auf dem Boden vor dir zu stehen kommt ... und so weiter.

Zur Unterstützung deiner Konzentration kannst du, während du den Fuß hebst, sagen: „hoch ... hoch ... hoch", und während du ihn vorwärtsbewegst: „vorwärts ... vorwärts ... vorwärts", und während du ihn auf den Boden stellst: „aufsetzen ... aufsetzen ... aufsetzen".

Auf keinen Fall solltest du diese Übung machen, wenn du in Eile bist! Und du brauchst sie nur einmal zu machen, um zu verstehen, warum ich rate, sie an einem einsamen Ort zu machen, wo dich höchstens sehr wohlmeinende Menschen beobachten können!

Übung 4 Disziplin der Gedanken

Die meisten Menschen werden während der Wahrnehmungsübungen von Zerstreuungen gequält.

Hier möchte ich deshalb zeigen, wie man ihnen entgegentreten kann.
Bei Zerstreuungen wirst du es hilfreich finden, wenn du die Augen nicht ganz schließt, sondern leicht geöffnet hältst. Sie sollen so weit offen sein, dass du etwa einen Meter im Blickfeld hast.
Schaue dann einen Punkt oder einen Gegenstand ruhig an. Doch konzentrieren sollst du dich *nicht* auf diesen Punkt oder Gegenstand, sie sollen nicht deine ausdrückliche Aufmerksamkeit fesseln.
Einige Menschen können sich mit geschlossenen Augen nur schwer konzentrieren. Ihre geschlossenen Augen bilden sozusagen eine leere Wand, worauf das Denken alle möglichen Denkinhalte projizieren kann, die von der Konzentration ablenken. Deshalb mein Vorschlag, die Augen halb geöffnet zu halten und ruhig auf einen Punkt oder Gegenstand in einem Meter Entfernung zu blicken. Du magst mit diesem Vorschlag experimentieren und ihn nur dann annehmen, wenn er dir hilfreich ist. Vielleicht gehörst du zu jenen Menschen, die mit halboffenen Augen ebenso anfällig für Zerstreuungen sind wie mit geschlossenen Augen.
Eine andere Möglichkeit, Zerstreuungen entgegenzutreten, ist, deinen Rücken gerade zu halten. Bisher habe ich keinen wissenschaftlichen Grund dafür entdeckt, doch meine eigene und die Erfahrung anderer haben mich davon überzeugt, dass es tatsächlich hilft. Die ideale Körperhaltung ist der Lotossitz, den die Yogaschüler einnehmen: Die Beine sind übereinander geschlagen und die Füße

ruhen jeweils auf dem Oberschenkel des anderen Beins, die Wirbelsäule ist gerade. Menschen, die diese Körperhaltung beherrschen, können sich – so sagt man mir – so gut konzentrieren, dass es ihnen schwerfällt, nach den Übungen ihre Denkprozesse wieder in Gang zu setzen. Diese Körperhaltung ist also ideal für Meditation und Konzentration.

Den meisten von euch wird es an der Geduld und dem Mut fehlen, diese extrem schwierige, aber nützliche Körperhaltung einzuüben. Für dich wird es ausreichen müssen, entweder den Rücken gerade gegen eine senkrechte Stuhllehne zu lehnen oder auf dem Rand des Stuhls zu sitzen. Auf diese Weise wirst du den Rücken gerade halten. Das ist weniger unbequem, als es auf den ersten Blick aussieht. Im Gegenteil, nach einiger Zeit wirst du herausfinden, dass eine gekrümmte Wirbelsäule viel unbequemer ist. Und du wirst wahrscheinlich entdecken, dass eine gerade Wirbelsäule deine Konzentration sehr unterstützt. Man hat mir erzählt, die Zen-Meister brauchten nur auf den Rücken eines Meditierenden zu blicken, um festzustellen, ob er zerstreut ist. Mir scheint das ein wenig übertrieben zu sein. Ich erinnere mich an Zeiten, als mein Rücken keineswegs gerade war, und ich war trotzdem nicht zerstreut.

Einige „Befürworter des geraden Rückens" raten sogar, dass man sich flach auf eine harte Oberfläche, etwa den Fußboden, legen soll, wenn es keine andere bequeme Möglichkeit gibt, den Rücken gerade zu halten. Das ist gewiss ein wertvoller Vorschlag und man sollte damit experimentieren. Mein einziger Vorbehalt ist, dass die Liegeposition die meisten Menschen schläfrig macht. Das beeinträchtigt die Meditation noch mehr als Zerstreuungen.

Auch wenn du dich um eine günstige Körperhaltung und Augeneinstellung bemühst, wirst du möglicherweise noch immer davon gequält, dass deine Gedanken abschweifen und sich zerstreuen. Das ist kein Grund zur Beunruhigung. Immer wieder abschweifende Gedanken sind eine lästige Störung, die den Weg eines jeden ernsthaften Kontemplativen begleitet. Der Kampf um die Disziplin der Gedanken ist lang und hart. Aber er ist es wert, gekämpft zu werden wegen der großen Früchte, die er schließlich schenkt. Und es gibt eigentlich kein anderes Mittel als Geduld und Ausdauer – und die feste Zuversicht, dass du letzten Endes doch Erfolg haben wirst, trotz so vieler Enttäuschungen und Fehler.

Folgender Vorschlag wird auch sehr hilfreich sein. Bisher habe ich kein wirksameres Mittel gegen Zerstreuungen gefunden als dieses. Ich gebe es hier in der Form einer Übung:

Schließe die Augen oder lasse sie halb offen, wenn dir das lieber ist.

Beobachte nun jeden Gedanken, der auftaucht. Man kann Gedanken auf zwei Arten begegnen: Die eine ist, du folgst ihnen wie ein kleiner Hund, der hinter allem herrennt, was in Bewegung ist, gleichgültig, in welche Richtung. Die andere Art ist, du beobachtest sie wie ein Mensch, der am Fenster steht und den Fußgängern auf der Straße zuschaut. Diese zweite Art wollen wir anwenden.

Nachdem du auf diese Weise eine Zeit lang deine Gedanken beobachtet hast, werde dir bewusst, dass du denkst. Du kannst sogar innerlich sagen: „Ich denke ..., ich denke" oder noch kürzer: „denken ..., denken", damit dir der Denkprozess, der in dir abläuft, bewusst bleibt.

Wenn du bemerkst, dass du nicht denkst, dann warte, bis der nächste Gedanke auftaucht. Werde dir seiner bewusst oder werde dir der Tatsache bewusst, dass du denkst.

Setze die Übung drei oder vier Minuten lang fort.

Während dieser Übung wirst du vielleicht die erstaunliche Entdeckung machen, dass alles Denken aufhört, wenn du dir der Tatsache bewusst bist, dass du denkst.
Noch ein einfaches Mittel, dass deine hin und her wandernden Gedanken zur Ruhe kommen: Halte ein und werde dir bewusst, *dass* du denkst. Dann wird das Denken eine Zeit lang aufhören. Wende diese Übung dann an, wenn du zerstreuter bist als gewöhnlich. Es ist fast unmöglich, nicht häufig zerstreut zu sein, wenn du den Weg der Meditation begonnen hast. Aber mit den meisten Zerstreuun-

gen kann man fertig werden – man muss sich einfach ins Gedächtnis zurückrufen, dass man sich konzentrieren will, sobald man sich der Zerstreuung bewusst ist. Diese Übung ist nur notwendig, wenn du stärker als üblich zerstreut bist.
Es gibt eine Art von Zerstreuung, die mit starken Gefühlen aufgeladen ist: mit Liebe, Furcht, Abneigung oder einer anderen Emotion. Zerstreuungen, die ihre Ursache in solch starken emotionalen Ladungen haben, können mit der hier beschriebenen Übung kaum beseitigt werden. Dafür sind andere Methoden notwendig, die ich später beschreibe. Du brauchst eine lange Erfahrung in der Kunst der Konzentration und der Meditation, willst du Frieden angesichts einer solchen Zerstreutheit bewahren.

Übung 5 Atem-Empfindungen

Beginne diese Übung, indem du dir fünf Minuten lang der Empfindungen in verschiedenen Teilen deines Körpers bewusst wirst ...

Dann werde dir deines Atems bewusst. Werde dir der Luft bewusst, wie sie durch die Nasenlöcher einströmt und ausströmt ...

Konzentriere dich nicht auf die Luft, wie sie in deine Lungen einströmt. Beschränke deine Aufmerksamkeit auf die Luft, wie sie durch die Nasenlöcher strömt ...

Kontrolliere nicht deinen Atem. Versuche nicht, ihn zu vertiefen. Du machst keine Atemübung, sondern eine Wahrnehmungsübung. Wenn also dein Atem flach ist, lass ihn so. Mische dich nicht ein. Beobachte ihn.

Jedes Mal, wenn du zerstreut bist, kehre mit erneuter Energie zu deiner Aufgabe zurück. Es wird dir helfen, wenn du dich zu Anfang fest entschließt, die Empfindung keines einzigen Atemzuges zu verpassen.

Setze diese Übung etwa zehn bis fünfzehn Minuten lang fort.

Die meisten Menschen finden diese Übung schwieriger als die beiden vorherigen. Doch schärft sie die Fähigkeit zur Wahrnehmung noch viel besser als jene. Sie bewirkt auch Ruhe und Entspannung. Verkrampfe nicht deine Muskeln, während du versuchst, dir deines Atems bewusst zu sein. Entschlossenheit darf nicht mit nervöser Anspannung verwechselt werden. Es soll dich nicht verwundern, dass du zu Anfang recht zerstreut bist. Aber wenn du auch noch so zerstreut bist: Die bloße Tatsache, dass du immer wieder zum Bewusstsein deines Atems zurückkehrst – allein schon die Bemühung darum –, wird vorteilhafte Wirkungen haben, die du allmählich bemerken wirst.
Wenn du in dieser Übung etwas erfahren bist, dann wende dich einer schwierigeren und wirksameren Spielart zu:

Werde dir der Empfindung bewusst, wie die Luft durch deine Nasenlöcher strömt. Spüre ihre Berührung. Bemerke, in welchem Teil der Nasenlöcher du die Berührung der Luft spürst, wenn du einatmest … und in welchem Teil der Nasenlöcher du die Berührung der Luft spürst, wenn du ausatmest …

Werde dir der Wärme oder Kühle der Luft bewusst … ihrer Kühle, wenn sie einströmt, ihrer Wärme, wenn sie ausströmt.

Vielleicht wirst du auch wahrnehmen, ob die Luftmenge, die durch ein Nasenloch strömt, größer ist als jene, welche durch das andere strömt …

Achte auf die leichteste Berührung der Luft in deinen Nasenlöchern, wenn du einatmest und ausatmest … empfinde sie …

Führe diese Wahrnehmungsübung zehn bis fünfzehn Minuten lang durch.

Die Zeitspanne, die ich für jede Übung vorschlage, gibt das Minimum der Zeit an, die du brauchen wirst, um eine Vorstellung von dem Wert dieser Übung zu bekommen und um von ihr zu profitieren. Je mehr Zeit du aufbringen kannst, desto fruchtbarer wird jede Übung für dich sein.
Noch ein Hinweis: Mache diese Übung, die Wahrnehmung des Atems betreffend, nicht viele Stunden an zwei oder drei Tagen hintereinander. Möglicherweise wird sie dir großen Frieden und ein

Gefühl von Tiefe und Fülle bringen, das du wunderbar findest, und du möchtest sie vielleicht bei stillen Exerzitientagen viele Stunden lang üben. Davon solltest du absehen, es sei denn, du hast einen kompetenten Führer neben dir. Ich sage das deshalb, weil intensive Konzentration auf eine so subtile Verrichtung wie das Atmen wahrscheinlich Halluzinationen bewirkt oder Inhalte aus dem Unbewussten heraufzieht, die du nicht unter Kontrolle halten könntest. Die Gefahr ist allerdings nicht groß und es ist nicht wahrscheinlich, dass jemand diese Art von Übung stundenlang betreibt; aber es ist besser, dass ich dich darauf aufmerksam mache. Ich kann den Wert dieser Übung nicht genug rühmen. Sie ist besonders für jene Menschen geeignet, die Frieden und Selbstbeherrschung und einen tiefen inneren Frieden inmitten von Schwierigkeiten suchen. Ein berühmter orientalischer Meister sagte häufig zu seinen Schülern: „Dein Atem ist dein bester Freund. Kehre zu ihm zurück in allen deinen Schwierigkeiten und du wirst Trost und Führung finden." Ein geheimnisvolles Wort – und du wirst ihm wohl zustimmen, nachdem du dich lange genug darum bemüht hast, die schwierige Kunst der Wahrnehmung zu meistern.

Wahrnehmung und Meditation

Vielleicht sollte ich hier auf einen Einwand eingehen, der manchmal in meinen Meditationsgruppen gemacht wird: Diese Wahrnehmungsübungen würden uns zwar helfen, uns zu entspannen, hätten aber nichts mit Meditation (so wie wir Christen das Wort verstünden) zu tun und seien gewiss nicht Gebet.

Ich werde versuchen zu erklären, wie diese einfachen Übungen als Meditation im strengen christlichen Sinn aufgefasst werden können. Wenn dich die Erklärung nicht zufriedenstellt oder nur Probleme schafft, dann schlage ich vor, dass du alles, was ich zu diesem Thema sage, ignorierst und diese Wahrnehmungsübungen nur als eine Vorbereitung für Gebet und Meditation durchführst. Oder lass diese Übungen ganz weg und wende dich anderen in diesem Buch zu, die dir mehr zusagen.

Zuerst möchte ich erklären, was ich mit den Worten „Gebet" und „Meditation" meine. „Gebet" bedeutet für mich Kommunikation mit Gott durch Worte, Bilder und Gedanken. Später werde ich viele Übungen anbieten, die in diese Kategorie des „Gebets" gehören. Meditation ist Kommunikation mit Gott, eine Kommunikation, die den sparsamsten Gebrauch von Worten, Bildern und Ideen macht oder ganz auf sie verzichtet. Von dieser Meditation sprechen etwa Johannes vom Kreuz in seinem Werk *„Die dunkle Nacht der Sinne"* und der Autor der *„Wolke des Nichtwissens"*. Einige Übungen, die ich im Zusammenhang mit dem Jesusgebet anbiete, kannst du entweder als Gebet oder als Meditation auffassen oder aber als Vereinigung von beiden, je nachdem, wie viel Gewicht du auf Worte und Gedanken legst.

Und nun zum Kern unseres Problems: Ist es Kommunikation mit Gott, wenn ich mich in die bewusste Wahrnehmung meiner Körperempfindungen und meiner Atemvorgänge einübe? Die Antwort lautet: Ja. Ich will erläutern, was für eine Art Kommunikation mit Gott es ist, die in diesen Wahrnehmungsübungen stattfindet.

Viele Mystiker erklären, dass wir außer Verstand und Herz, mit denen wir gewöhnlich mit Gott in Kommunikation treten, auch einen mystischen Verstand und ein mystisches Herz besitzen: ein Vermögen, das uns unmittelbar mit Gott in Beziehung setzen kann, mit dem wir Gottes eigentliches Wesen fassen und intuitiv erkennen – wenn auch auf „dunkle" Weise, das heißt, ohne die Hilfe von Gedanken, Ideen und Bildern.

Gewöhnlich sind alle unsere Beziehungen zu Gott mittelbar – gebrochen durch Bilder und Ideen, die notwendigerweise Seine Wirklichkeit verzerren. Es ist das Privileg dieses Vermögens, Gott jenseits von Gedanken und Bildern erfassen zu können. Ich nenne es das *mystische Herz* (ein Wort, das der Autor der *„Wolke des Nichtwissens"* gern benutzt hat); es hat freilich nichts mit unserem körperlichen Herzen oder unseren Gemütsbewegungen zu tun.[1]

---

[1] Das englische *heart* ist als „körperliches Herz", *Heart* im englischen Original (mit großem Anfangsbuchstaben geschrieben) als „mystisches Herz" wiedergegeben. (Anm. d. Übers.)

Dieses *mystische Herz* bleibt in den meisten von uns untätig und unentwickelt. Würde es erweckt, strebte es ständig hin zu Gott und würde unser ganzes Wesen zu ihm hintreiben. Doch dafür muss es sich entfalten können; die Schlacke, die es umgibt, muss entfernt werden, damit es vom Ewigen Magneten angezogen werden kann.

Die Schlacke ist die große Anzahl von Gedanken und Worten und Bildern, die wir ständig zwischen uns und Gott stellen, wenn wir mit ihm verkehren. Worte hindern manchmal die Kommunikation und Innigkeit des Verhältnisses, statt sie zu fördern. Schweigen – in Worten und Gedanken – kann manchmal die machtvollste Art der Kommunikation und Vereinigung sein, wenn die Herzen voll Liebe sind. Unsere Kommunikation mit Gott ist jedoch nicht ganz so einfach. Ich kann liebevoll in die Augen eines vertrauten Freundes blicken und mit ihm jenseits aller Worte einig sein. Doch wohin soll ich schauen, wenn ich schweigend auf Gott blicke? Auf eine bildlose, gestaltlose Wirklichkeit, in eine Leere!

Gerade das wird von jenen verlangt, die in tiefe Gemeinschaft mit dem Unendlichen, mit Gott, sinken wollen: stundenlang in eine Leere blicken! Einige Mystiker empfehlen, dass wir *liebevoll* in diese Leere blicken. Und es verlangt sehr viel Glauben, in Liebe und Sehnsucht auf etwas zu blicken, das uns zunächst wie ein Nichts erscheint.

Selbst wenn du ein tiefes Verlangen spürst, stundenlang in diese Leere zu blicken, wirst du im Allgemeinen mit ihr gar nicht erst in Berührung kommen, falls deine Gedanken nicht zur Ruhe gekommen sind. Solange deine Gedankenmaschine Millionen von Gedanken und Worten ausspuckt, werden dein mystischer Verstand und dein mystisches Herz unentwickelt bleiben. Wie scharf sind das Gehör und der Tastsinn eines Blinden! Er hat sein Augenlicht verloren und das hat ihn gezwungen, das Vermögen seiner übrigen Sinne zu entwickeln. Etwas Ähnliches geschieht im mystischen Bereich. Wenn wir sozusagen gedankenblind werden, einen Verband über unseren Verstand legen könnten, während wir mit Gott in Beziehung treten, dann wären wir genötigt, ein anderes Mittel der Kommunikation zu entwickeln – eben jenes Vermögen in uns, das, wie viele Mystiker sagen, ohnehin schon zu Gott hin drängt: das mystische Herz.

Wenn unser mystisches Herz seinen ersten unmittelbaren, dunklen Blick auf Gott tut, ist das wie ein Blick in die Leere. Menschen, die diese Stufe erreichen, beklagen sich häufig: Sie könnten nichts beim Gebet tun; sie vergeudeten ihre Zeit; nichts würde geschehen; sie seien in vollkommener Dunkelheit. Um diesem unangenehmen Zustand zu entkommen, kehren sie leider wieder zum Denken zurück, sie nehmen den Verband von ihrem Verstand ab, beginnen, an Gott zu denken und mit ihm zu sprechen – tun gerade das, was sie nicht tun sollten.

Wenn Gott gnädig zu ihnen ist – und er ist es sehr häufig –, dann wird er ihnen nicht erlauben, beim Gebet ihre Gedanken zu gebrauchen. Sie werden eine Abneigung gegenüber allen Gedanken empfinden: Gesprochene Gebete werden ihnen unerträglich, weil Worte bedeutungslos erscheinen. Sie fühlen eine geistige Trockenheit, sobald sie versuchen, mit Gott auf irgendeine Weise außerhalb des Schweigens in Verbindung zu treten. Und anfangs ist sogar dieses Schweigen schmerzlich und trocken. Dann verfallen sie vielleicht dem größten Übel, das es gibt: Sie geben das Gebet ganz auf, denn sie sehen sich genötigt, zwischen der Frustration, dass sie nicht ihre Gedanken gebrauchen dürfen, zu wählen und dem hohlen Gefühl, Zeit zu vergeuden und nichts zu tun in jener Dunkelheit, die sie umgibt, wenn sie ihre Gedanken beruhigt haben.

Wenn sie dieses Übel vermeiden, in der Einübung des Gebets aushalten und sich in blindem Glauben dieser Leere, der Dunkelheit, der Untätigkeit, dem Nichts aussetzen, werden sie allmählich entdecken – zunächst in kurzen Durchblicken, später auf eine dauerhaftere Weise –, dass im Dunkeln ein Licht glimmt, dass die Leere auf geheimnisvolle Weise ihr Herz erfüllt, die Untätigkeit erfüllt ist mit Gottes Taten und dass im Nichts ihr Wesen neu erschaffen und geformt wird …, und zwar alles auf eine Weise, die sie weder sich selbst erklären noch anderen beschreiben können. Nach jeder Zeit des Gebets oder der Meditation wissen sie nur eines: Etwas Geheimnisvolles ist geschehen, das sie erfrischt und gestärkt hat und ihnen ein besonderes Wohlempfinden bringt. Sie bemerken in sich einen verzehrenden Durst, zu dieser dunklen Meditation zurückzukehren, die sinnlos erscheint und sie trotzdem mit Leben erfüllt, sogar mit einer sanften Berauschung, die sie mit ihren Gedanken schwer verstehen, mit ihren Gefühlen nicht erreichen und die dennoch unabweisbar anwesend ist – und so wirklich und befriedigend, dass sie sie mit keiner Berauschung, welche die Welt der Sinne und Gefühle und Gedanken bietet, vertauschen wollten. Seltsam, dass zu Anfang die Kontemplation so trocken und dunkel und langweilig erschien!

Willst du diesen Zustand erreichen und in das mystische Dunkel tauchen, willst du Gott in diesem mystischen Herzen begegnen, dann musst du zuerst ein Mittel finden, deine Gedanken zur Ruhe zu bringen. Es gibt einige vom Glück begünstigte Menschen, die diesen Zustand spontan erreichen; sie brauchen ihr diskursives Denken und ihre Worte nicht aufzugeben. (Es ist wichtig, dass du das weißt, damit du nicht glaubst, jeder, der sich in der Meditation übt, müsse unbedingt durch dieses Stadium der Dunkelheit gehen.) Sie sind wie Menschen, deren Gehör und deren Tastsinn so scharf ist wie der eines Blinden, die aber trotzdem ein vollkommen gesundes Sehvermögen haben. Sie lieben mündliche Gebete, sie profitieren vom Gebrauch der Fantasie im Gebet, sie lassen ihren Gedanken freien Lauf, wenn sie mit Gott verkehren, und inmitten all dieser Tätigkeit blüht ihr mystisches Herz auf und erkennt intuitiv das Göttliche unmittelbar.

Wenn du nicht zu diesen begünstigten Menschen gehörst, musst du dein mystisches Herz selbst gezielt entfalten. Direkt kannst du überhaupt nichts tun. Du kannst nur dein diskursives Denken zum Schweigen bringen: alle Gedanken und Worte abwehren, wenn du betest, und dem mystischen Herzen den Freiraum geben, sich von allein zu entfalten.

Es ist sehr schwierig, die Gedanken zum Schweigen zu bringen. Wie mühsam, den Verstand vom Denken, vom immerwährenden Denken, von der Produktion immer neuer Gedankenketten abzuhalten! Unsere Hindu-Meister kennen ein Sprichwort: Ein Dorn im Fleisch kann mit einem anderen Dorn herausgezogen werden. Übertragen heißt das, dass du dich *eines* Gedankens bedienen kannst, um alle anderen Gedanken, die im Kopf wimmeln, loszuwerden. *Ein* Gedanke, *ein* Bild, *ein* Ausdruck (oder Satz oder Wort), woran sich dein Verstand festhalten kann. Denn es ist nutzlos, bewusst zu versuchen, den Verstand in einem gedankenlosen Zustand zu halten. Der Verstand braucht einen Gegenstand. Nun, so gib ihm etwas, woran er sich halten kann – doch nur *eine* Sache. Ein Bild des Heilands, worauf du voll Liebe schaust und zu dem du jedes Mal zurückkehrst, wenn du dich zerstreut fühlst; ein Stoßgebet, das du fortwährend wiederholst, um wandernde Gedanken zu unterbinden. Gewiss kommt die Zeit, in der das Bild aus deinem Bewusstsein verschwindet, das Wort aus deinem Mund genommen, dein diskursiver Verstand ganz schweigsam wird und dein mysti-

sches Herz ungehindert und frei in das Dunkel schauen kann.
Du musst eigentlich gar nicht bis zu diesem Zustand gelangen, in dem alle Bilder und Worte verschwinden, damit sich dein mystisches Herz entfalten kann. Es ist schon eine große Hilfe, wenn die Tätigkeit des diskursiven Verstandes drastisch verringert wird. Selbst wenn du niemals den bild- und wortlosen Zustand erreichst, wird sich wahrscheinlich deine Kontemplation vertiefen.
Du wirst bemerkt haben, dass die beiden Methoden, die ich vorschlage: nämlich auf ein Bild des Heilands blicken und ein Stoßgebet ständig wiederholen, offenkundig religiöser Art sind. Vergiss aber nicht, dass diese Übung *nicht* auf die Betätigung des diskursiven Verstandes hinzielt, sondern auf die Entfaltung des mystischen Herzens. Ist das einmal erreicht, kommt es dann darauf an, ob der Dorn, mit dem du die anderen Dornen entfernt hast, ein „religiöser Dorn" ist? Wenn du dein Dunkel mit Licht erhellen willst, ist es dann wichtig, ob es eine geweihte oder ungeweihte Kerze ist? Kommt es darauf an, ob du dich auf ein Bild des Heilands oder aber auf ein Buch, ein Blatt oder auf einen Punkt auf dem Fußboden konzentrierst? Ein Jesuitenfreund, der gern mit solchen Dingen experimentiert und allen religiösen Theorien mit einem gesunden Maß an Skepsis begegnet, versichert mir, dass er nur unablässig rhythmisch „eins-zwei-drei-vier" hersagt und damit dieselben *mystischen* Wirkungen erreicht, zu denen seine frömmeren Mit-

brüder durch die rhythmische Wiederholung eines Stoßgebets gelangen! Und ich glaube ihm. Zweifellos hat der „religiöse Dorn" einen sakramentalen Wert. Doch unseren Hauptzweck erfüllt ein Dorn so gut wie jeder andere.

Das bringt uns zu der scheinbar beunruhigenden Schlussfolgerung, dass Konzentration auf deinen Atem und auf deine Körperempfindungen gute und richtige Meditation im strengen Sinn des Wortes ist. Diese meine Theorie wurde mir von einigen Jesuiten bestätigt, die die Dreißigtägigen Exerzitien unter meiner Anleitung machten. Sie hatten sich bereit erklärt, neben den sogenannten Ignatianischen Exerzitien, die fünf Stunden pro Tag in Anspruch nehmen, sich weitere vier oder fünf Stunden ins Bewusstsein des Atems und der Körperempfindungen einzuüben. Ich war nicht erstaunt, als sie mir erzählten, dass die Wahrnehmungsübungen (sobald sie ihnen etwas vertraut waren) dieselbe Wirkung hatten wie die Übungen, die wir Katholiken „Gebet des Glaubens" und „Gebet der Ruhe" nennen. Die meisten versicherten mir sogar, dass diese Wahrnehmungsübungen ihre früheren Gebetserfahrungen vertieften, dass sie diesen mehr Kraft und Schärfe gaben.

Nach diesem Kapitel biete ich Übungen an, die eher religiös geprägt sind und die Vorbehalte jener zerstreuen werden, die nicht den größten Teil ihrer Gebetszeit mit Wahrnehmungsübungen verbringen möchten. Diese eher religiös geprägten Übungen haben aber dieselben Wirkungen. Sie beinhalten ein sehr geringes Maß an Gedankentätigkeit; diese fehlt den Wahrnehmungsübungen vollständig. Wenn du dich also bei ihnen wohler fühlst, zögere nicht, ihnen den Vorzug zu geben.

Mit Absicht habe ich im letzten Abschnitt den Ausdruck „den *größten* Teil deiner Gebetszeit" gebraucht. Ich rate nämlich nicht dazu, dass du die gesamte Zeit des Gebets – deine Kommunikation mit Gott durch Worte, Bilder und Ideen – zugunsten reiner Meditation aufgibst. Einmal ist die Zeit für das Gebet, ein andermal für die Meditation günstig, genauso wie es eine Zeit gibt für Aktivität und eine für Kontemplation. Alles hat seine Zeit. Achte nur darauf, dass du während der Meditationszeit nicht der Versuchung zu denken nachgibst, und seien deine Gedanken noch so heilig. Genauso wie du während deiner Gebetszeit heilige Gedanken, die deine Arbeit betreffen, abwehren würdest; sie haben ihren Wert zu bestimmten Zeiten, doch zerstreuen sie dein Gebet. Du musst also während der Zeit der Meditation alle Arten von Gedanken entschieden abwehren, weil sie diese besondere Form der Kommunikation mit Gott zerstören. Du musst dich der göttlichen Sonne in Schweigen offen halten, aber du sollst nicht über die Schönheit und die Eigenschaften der Sonnenstrahlen nachdenken. Du musst liebevoll in die Augen deines göttlichen Geliebten blicken, ohne diese Vertrautheit mit Worten und Gedanken über ihn zu stören. Die Kommunikation durch Worte musst du getrennt davon halten. Meditation ist die Zeit wortloser Kommunikation.

In einem wichtigen Punkt kann ich dir leider in diesem Buch keine Anleitung geben. Dafür brauchst du die Führung eines erfahrenen Meisters, der deine spirituellen Bedürfnisse kennt. Es geht darum, wie du deine Zeit zwischen Gebet und Meditation aufteilen sollst. Das wirst du am besten zusammen mit deinem Seelenführer entscheiden. Er wird dir auch in der Entscheidung beistehen, ob du diese Art von Meditation überhaupt üben sollst. Vielleicht bist du einer jener vom Glück begünstigten Menschen, von denen ich vorhin sprach, deren Tastsinn und Gehör sehr fein sind, obwohl sie niemals auf ihr Augenlicht verzichten mussten; deren mystisches Herz den tiefsten Umgang mit Gott pflegt, während sie mit ihm sprechen und an ihn denken; die nicht den Zustand des Schweigens brauchen, um jene Innigkeit mit ihrem Geliebten zu erlangen, die andere nur durch Schweigen finden.

Wenn du keinen Seelenführer finden kannst, bitte Gott, dich zu führen, und beginne damit, jeden Tag ein paar Minuten der *Meditation* zu widmen. Dabei kannst du die Wahrnehmungsübungen gebrauchen oder andere einfachere Übungen, die ich noch erkläre. Versuche auch in der Zeit, die du dem Gebet widmest, weniger zu denken und bete mehr mit dem Herzen. Die heilige Teresa von Avila hat oft gesagt: „Nicht viel zu denken ist wichtig, sondern viel zu lieben.“ Darum liebe viel in deiner Gebetszeit. Und Gott wird dich führen, sogar durch Zeiten der Versuchungen und Verfehlungen.

Übung 6 Gott in meinem Atem

Im letzten Kapitel hatte ich versprochen, einige Übungen anzubieten, die ausdrücklich religiös sind und dennoch viele der Vorteile von Wahrnehmungsübungen haben. Hier ist eine:

> Schließe die Augen und übe dich eine Weile in die Wahrnehmung der Körperempfindungen ein …
>
> Werde dir dann deines Atems bewusst, so wie es in der letzten Übung erklärt wurde, und bleibe einige Minuten lang dabei …
>
> Bedenke nun, dass die Luft, die du einatmest, mit der Kraft und der Gegenwart Gottes erfüllt ist … Stelle dir die Luft als ein riesiges Meer vor, das dich umgibt … ein Meer, ganz gefärbt von Gottes Gegenwart und Sein … Die Luft, die du einatmest, ist Gott, du atmest Gott ein …
>
> Sei dir bewusst, dass du die Kraft und die Gegenwart Gottes in dich einziehst, wenn du einatmest, jedes Mal … Bleibe in dieser Wahrnehmungsübung, solange du kannst …
>
> Was geht in dir vor, wenn du dir bewusst wirst: „Mit jedem Atemzug ziehe ich Gott in mich hinein"? …

Eine Variante zu dieser Übung: Wir benutzen einen anderen Gedanken, und zwar einen aus dem Gesichtskreis der Hebräer während der biblischen

Zeit. Für sie war der Atem das Leben des Menschen. Starb ein Mensch, so hieß es: „Gott hat ihm seinen Atem genommen." Deshalb musste er sterben. Solange ein Mensch lebte, bedeutete das, dass Gott ihm immer neu seinen Atem, seinen „Geist", gab. Diese Anwesenheit von Gottes Geist erhielt den Menschen am Leben.

Während du einatmest, spüre, wie Gottes Geist in dich eintritt ... Fülle deine Lungen mit der göttlichen Energie ...

Während du ausatmest, stelle dir vor, dass du alle deine Unreinheiten ausatmest ... deine Ängste ... deine negativen Gefühle ...

Stelle dir vor, wie dein ganzer Körper leuchtend und lebendig wird, weil du Gottes lebenspendenden Geist einatmest und alle deine Unreinheiten ausatmest ...

In dieser Wahrnehmung verweile so lange, wie du es ohne Zerstreuung aushalten kannst.

Übung 7 Atem-Kommunikation mit Gott

Oben habe ich einen Unterschied zwischen Gebet und Meditation gemacht. Diesen Unterschied kann man auch anders ausdrücken: Man spricht von „Andachtsgebet" und „intuitivem Gebet".
„Intuitives Gebet" entspricht ungefähr dem, was

ich vorher „Meditation“, das „Andachtsgebet“ dem, was ich „Gebet“ genannt habe. Beide Arten von Gebet führen zur Vereinigung mit Gott. Jeder Mensch fühlt sich zu einer von ihnen besonders hingezogen. Oder er fühlt, dass die eine Art seine Bedürfnisse zu bestimmten Zeiten besser erfüllt als zu anderen.

Das „Andachtsgebet“ richtet sich auch aufs Herz, denn jedes Gebet, das sich auf Gedanken beschränkt, ist nicht eigentlich Gebet, sondern im günstigsten Fall eine Vorbereitung darauf. Selbst zwischen den Menschen gibt es keine echte Kommunikation, wenn sie nicht wenigstens zu einem geringen Teil Herzenskommunikation ist, wenn ihr nicht wenigstens ein wenig Gefühl innewohnt. Wenn einer Kommunikation, einem Austausch von Gedanken Gefühle ganz und gar fehlen, dann wird sich die intime, persönliche Dimension gewiss nicht einstellen. Diese Beziehung führt zu keiner Vertrautheit.

Hier ist nun eine Variante der früheren Übung, die sie mehr zu einem Andachtsgebet als zu einem intuitiven Gebet macht. Du wirst aber feststellen, dass die Gedankentätigkeit trotzdem sehr gering ist; deshalb kann diese Übung leicht von der „Andacht“ zur „Intuition“ hinüberleiten. Sie ist im Grunde eine gute Verbindung von beidem.

Werde dir eine Zeit lang deines Atems bewusst ...

Denke dann über die Gegenwart Gottes in deiner Umgebung nach ... Denke an seine Gegenwart in der Luft, die du einatmest ... Sei dir seiner Gegenwart in der Luft, die du ein- und ausatmest, bewusst ... Was empfindest du, wenn du dir seiner Gegenwart in der Luft, die du ein- und ausatmest, bewusst wirst? ...

Nun teile dich Gott mit. Aber ich möchte, dass du das ohne Worte tust. Oft ist die Mitteilung einer Empfindung durch einen Blick oder eine Geste viel kraftvoller als durch Worte. Teile Gott deine Empfindungen durch deinen Atem, nicht durch Worte, mit.

Gib Gott zunächst deine große Sehnsucht zu ihm zu verstehen. Ohne Worte zu gebrauchen, nicht einmal in Gedanken, teile ihm durch deine Atemtätigkeit mit: „Mein Gott, ich sehne mich nach dir!“ Vielleicht kannst du das ausdrücken, indem du tief atmest, indem du deinen Atem vertiefst ...

Teile nun eine andere Empfindung mit: Vertrauen und Hingabe. Ohne Worte, nur durch die Atemtätigkeit, teile mit: „Mein Gott, ich gebe mich dir vollkommen hin.“ Vielleicht kannst du das ausdrücken, indem du scharf ausatmest, indem du wie bei einem tiefen Seufzer ausatmest. Spüre bei jedem Ausatmen, wie du dein ganzes Wesen in Gottes Hände gibst ...

Teile nun Gott andere Empfindungen durch deinen Atem mit: Liebe ... Nähe und Vertrauen ... Verehrung ... Dankbarkeit ... Lobpreis ...

Wirst du dabei müde, dann kehre zum Anfang dieser Übung zurück und verweile nur friedvoll in dem Bewusstsein von Gottes Gegenwart in deiner Umgebung und in der Luft, die du ein- und ausatmest ... Wenn du dann Gefahr läufst, dich dabei zerstreut zu fühlen, kehre zum zweiten Teil der Übung zurück und teile dich Gott wieder wortlos mit ...

Übung 8 Still werden

Diese Übung will dir eine Anleitung dazu geben, wie du innerlich still werden kannst. Der Herr sagt: „Sei still und wisse, dass ich Gott bin." Leider sind moderne Menschen so geplagt von nervöser Spannung, dass es ihnen sehr schwerfällt, ruhig zu sein. Wenn sie lernen wollen zu beten, müssen sie aber zuerst lernen, still zu werden, zur Ruhe zu kommen. Gerade diese Stille wird nämlich häufig zu einem Gebet, wenn Gott sich in der Stille kundtut.

Übe dich wieder in der Wahrnehmung deiner Körperempfindungen. Diesmal soll dir nacheinander von Kopf bis Fuß jeder Teil deines Körpers bewusst werden ...

Sei dir jeder Empfindung in jedem Körperteil bewusst ... In einigen Teilen deines Körpers findest du vielleicht überhaupt keine Empfindungen ... Verweile bei diesen einige Sekunden lang ...

Wenn keine Empfindungen aufsteigen, setze die Übung fort ...

Allmählich wirst du diese Übung immer besser machen und deine Wahrnehmungsfähigkeit wird sich vermutlich schärfen, sodass du schließlich in jedem Teil deines Körpers viele Empfindungen wahrnimmst ... Am Anfang musst du dich damit zufriedengeben, nur kurz bei jenen Körperteilen zu verweilen, die dir empfindungsleer zu sein scheinen, um dann zu anderen Körperteilen überzugehen, in denen du Empfindungen wahrnimmst ... Wandere langsam von Kopf bis Fuß ... dann noch einmal von Kopf bis Fuß ... und so weiter etwa fünfzehn Minuten lang.

Während sich deine Wahrnehmungsfähigkeit schärft, wirst du Empfindungen empfangen, die du vorher nicht bemerkt hast ... Du wirst auch Empfindungen empfangen, die sehr fein sind, so fein, dass nur ein tief gesammelter und zur Ruhe gekommener Mensch sie wahrnehmen kann.

Werde dir nun deines Körpers als Ganzem bewusst. Empfinde deinen ganzen Körper als eine Ansammlung von verschiedenen Arten von Empfindungen ... Verweile dabei ein wenig, dann kehre zum Bewusstsein der einzelnen Körperteile zurück, von Kopf bis Fuß ... Werde dir dann noch einmal deines Körpers als Ganzem bewusst ...

Werde die tiefe Stille in dir gewahr, die über dich gekommen ist, die völlige Stille deines Körpers ... Bleibe jedoch nicht so lange in dieser Stille, bis du die bewusste Wahrnehmung deines Körpers wieder verloren hast ...

Wenn du dich zerstreut fühlst, beschäftige dich damit, wieder deine Wahrnehmung von Kopf bis Fuß wandern zu lassen und dir der Empfindungen in jedem Körperteil bewusst zu werden ... Spüre dann wieder die Stille in deinem Körper ... Wenn du diese Übung in einer Gruppe machst, spüre die Stille im ganzen Raum ...

Es ist sehr wichtig, dass du dich während dieser Übung nicht bewegst. Das wird dir zu Anfang schwerfallen, doch jedes Mal, wenn du den Drang spürst, dich zu bewegen, dich zu kratzen oder nervös zu werden, werde dir dieses Dranges bewusst ... Gib ihm nicht nach, werde dir seiner nur so scharf wie möglich bewusst ... Langsam wird der Drang nachlassen und du wirst still werden ...

Den meisten Menschen fällt es furchtbar schwer, still zu bleiben. Sie empfinden sogar körperliche Schmerzen dabei. Sie verkrampfen sich körperlich. Wenn du dich verkrampfst, werde dir dessen so lange bewusst wie notwendig ... wo du dich verkrampfst, wie es sich anfühlt ... und verweile dabei, bis die Verkrampfung verschwindet.
Vielleicht empfindest du körperliche Schmerzen. Ist

die Körperhaltung, die du für diese Übung gewählt hast, auch noch so angenehm, wahrscheinlich wird dein Körper gegen diese Stille aufbegehren und beginnen, da und dort zu schmerzen. In diesem Fall widerstehe der Versuchung, deine Glieder zu bewegen oder eine andere Haltung einzunehmen, damit die Schmerzen weniger werden. Werde dir nur dieser Schmerzen genau bewusst.

Als ich einmal an buddhistischen Exerzitien teilnahm, bat man uns, eine ganze Stunde lang bewegungslos zu sitzen. Ich saß zufällig mit überkreuzten Beinen und der Schmerz in meinen Knien und in meinem Rücken wurde unerträglich. Ich glaube, in meinem ganzen Leben habe ich nicht solche körperlichen Schmerzen gelitten. Wir sollten uns während dieser Stunde unserer Körperempfindungen bewusst werden und mit unserer Wahrnehmung von Körperteil zu Körperteil wandern. Meine Aufmerksamkeit war ganz befangen von dem heftigen Schmerz in meinen Knien. Der Schweiß rann in Strömen. Und ich fürchtete, vor Schmerz in Ohnmacht zu fallen – bis ich mich entschloss, nicht gegen ihn anzukämpfen, nicht davor wegzulaufen, ihn nicht lindern zu wollen, sondern nur seiner bewusst zu werden, mich mit ihm zu identifizieren. Ich zerteilte die Schmerzempfindung und entdeckte zu meiner Überraschung, dass sie aus vielen verschiedenen Empfindungen bestand, nicht nur aus einer. Da war ein starkes, brennendes Gefühl, ein Ziehen und Zerren, ein scharfer, stechender Schmerz, der sich manchmal mit den anderen

Empfindungen verband, und ein Schmerzpunkt, der sich von Stelle zu Stelle bewegte. Diesen Punkt erkannte ich als den eigentlichen Schmerz. Während ich diese Wahrnehmungsübung weiterbetrieb, entdeckte ich, dass die Schmerzen erträglicher wurden, und ich konnte mich sogar auf Empfindungen in anderen Teilen des Körpers konzentrieren. Zum ersten Mal in meinem Leben erfuhr ich Schmerzen, ohne darunter zu leiden.

Es ist besser, während dieser Übung nicht mit überkreuzten Beinen zu sitzen, dann werden die körperlichen Schmerzen nicht so heftig sein, wie ich es damals erfuhr. Doch ein wenig Schmerzen wirst du zu Anfang unweigerlich spüren, bis sich dein Körper daran gewöhnt hat, ganz still zu bleiben. Werde mit den Schmerzen durch Wahrnehmungsübungen fertig. Und wenn dein Körper schließlich still wird, erntest du reichen Lohn, denn diese Stille bringt eine ruhige Seligkeit mit sich.

Die Versuchung, sich zu kratzen, ist bei Anfängern häufig. Im Laufe der Übungen hat sich das Bewusstsein für ihre Körperempfindungen geschärft. Deshalb werden sie sich juckender und prickelnder Empfindungen bewusst, die zwar schon immer vorhanden gewesen sind, doch verdeckt – und zwar von der psychophysischen Verhärtung, der die meisten von uns ihren Körper ausgesetzt haben, und von der Grobheit ihrer Wahrnehmungsfähigkeit. Wenn du durch diese Phase des Juckreizes gehst, musst du vollkommen ruhig bleiben und dir jeder Juckempfindung bewusst werden und bei dieser Wahrnehmung verweilen, bis der Juckreiz verschwindet. Widerstehe der Versuchung, den Juckreiz durch Kratzen zu vertreiben!

Übung 9 Gebet des Körpers

Hier eine Übung zu den Körperempfindungen, als *Andachtsübung* abgewandelt:

Werde zunächst ruhig, indem du dir der Empfindungen in verschiedenen Teilen deines Körpers bewusst wirst ... Schärfe deine Wahrnehmung und empfange auch die feinsten Empfindungen, nicht nur die groben und offensichtlichen ...

Bewege nun sehr vorsichtig deine Hände und Finger, sodass deine Hände auf deinem Schoß zu liegen kommen, mit den Handflächen nach oben, die Finger aneinandergelegt ... Die Bewegung muss ganz langsam erfolgen ... wie das langsame Sich-Öffnen einer Blume ... Und während du dich bewegst, bleibe dir dessen von Sekunde zu Sekunde bewusst ...

Während deine Hände auf dem Schoß ruhen, mit den Handflächen nach oben, werde dir der Empfindungen in den Handflächen bewusst ... Dann werde dir der Geste selbst bewusst: Es ist eine Gebetsgeste, die in den meisten Kulturen und Religionen üblich ist. Welche Bedeutung hat diese Geste für dich? Was drückst du dadurch

Gott gegenüber aus? Drücke es ohne Worte aus, identifiziere dich nur mit der Geste …

Diese Art von wortloser Kommunikation durch Gesten kann in Gruppen geübt werden und bedarf keiner bedeutenden Veränderung der Körperhaltung. Sie gibt dir ein Gespür, wie du mit deinem Körper beten kannst.
Hier sind einige Übungen, die du allein in deinem Zimmer machen kannst, wo du dich ungezwungen mit deinem Körper ausdrücken kannst und dir die Verlegenheit ersparst, von anderen gesehen zu werden.

Stehe gerade und lass die Hände lose herabhängen. Werde dir bewusst, dass du in der Gegenwart Gottes bist …

Finde nun eine Geste, durch die du das Gefühl ausdrücken kannst: „Mein Gott, ich opfere mich dir auf." … Mache diese Geste sehr langsam (denke an Blütenblätter, die sich öffnen), bleibe dir deiner Bewegungen voll bewusst und vergewissere dich, dass die Bewegungen und die Geste dein Gefühl ausdrücken …

Hier ist eine Möglichkeit, die Haltung der Selbsthingabe auszudrücken: Erhebe deine Hände sehr langsam, bis sie vor dir ausgestreckt sind, die Arme parallel zum Fußboden … Drehe deine Hände langsam, sodass die Handflächen nach oben zeigen, die Finger sind aneinandergelegt und ausgestreckt … Hebe nun deinen Kopf ganz langsam, bis du himmelwärts blickst … Wenn deine Augen geschlossen sind, öffne sie nun sehr vorsichtig … Blicke zu Gott auf …

Verweile in dieser Geste eine Minute lang … Nun lasse deine Hände sanft sinken, bis sie wieder lose herunterhängen, und senke den Kopf, bis du wieder geradeaus blickst … Mache eine kurze Pause, um das Gebet der Selbsthingabe, das du gerade wortlos gemacht hast, zu verinnerlichen … Dann wiederhole die Übung.

Wiederhole diese Übung drei- oder viermal … oder sooft du sie mit Andacht ausführen kannst …

Eine Alternative zu der Geste der Selbsthingabe, die ich gerade vorgeschlagen habe, ist: Hebe deine Hände (wie oben beschrieben) und drehe deine Handflächen nach oben, die Finger bleiben aneinandergelegt und ausgestreckt … Lege deine Handflächen aneinander und bilde einen Kelch mit ihnen … Hebe dann den Kopf nach oben (wie beschrieben) … Verweile in dieser Haltung eine Minute lang.

Ein anderes Beispiel von Gebeten des Körpers, und zwar hier, um die Sehnsucht nach Gott oder einen herzlichen Empfang für Gott und seine ganze Schöpfung auszudrücken: Hebe deine Hände und Arme, bis sie vor dir ausgestreckt sind, parallel zum Fußboden … Öffne sie nun weit wie bei einer Umarmung ... Blicke voll Liebe zum Horizont ...

Bleibe eine Minute in dieser Haltung, dann kehre zu deiner ursprünglichen Haltung zurück; mache eine kleine Pause, um das Gebet zu verinnerlichen. Dann wiederhole die Geste so lange, wie sie dir bedeutungsvoll bleibt ...

Diese Gesten, die ich vorgeschlagen habe, sind nur Beispiele. Erfinde deine eigenen Gesten, um Liebe ... Lobpreis ... Verehrung ... auszudrücken.
Oder drücke schauspielerisch aus, was du Gott sagen willst, spiele es. Bewege dich so langsam und anmutig wie möglich, sodass es ein langsamer ritueller Tanz wird ...
Wenn du dich zum Beispiel uninspiriert fühlst, nicht beten kannst oder erschöpft bist, drücke deinen Zustand aus, indem du deine Kleider ablegst und dich zu Boden wirfst und deine Arme in der Form eines Kreuzes ausbreitest ... So erwarte stumm, dass Gott seine Gnade auf deinen ausgestreckten Körper gießt ...
Wenn du mit deinem Körper betest, gibst du deinem Gebet Kraft und Inhalt. Wir haben dieses Gebet besonders in Zeiten nötig, wenn wir nicht beten können, wenn wir uns zerstreut fühlen oder unser Herz kalt und unser Geist dumpf ist. Versuche dann, dich mit besonderer Hingabe in die Gegenwart Gottes zu stellen, falte die Hände vor deiner Brust und blicke Gott flehend an ... Ein Teil der Frömmigkeit, die du mit deinem Körper aus-

drückst, greift wahrscheinlich auf deine innere Haltung über und nach einer Weile wirst du viel leichter beten können.

Viele haben Schwierigkeiten beim Beten, weil sie dabei nicht auf ihren Körper achten. Sie vergessen, ihren Körper in den heiligen Tempel Gottes mit hineinzunehmen. Du behauptest, in der Gegenwart des auferstandenen Herrn zu sein, doch sitzt du krumm und unordentlich auf deinem Stuhl oder stehst nachlässig da. – Offensichtlich hat dich die lebendige Gegenwart des Herrn noch nicht erfasst. Wenn du dich ihm voll zuwendest, wird etwas davon in deiner Körperhaltung sichtbar.

Ich schließe dieses Kapitel mit einer Übung ab, die du, wie die erste, auch in einer Gruppe machen kannst.

Schließe die Augen. Wähle eine der Wahrnehmungsübungen, um innerlich still zu werden.

Hebe nun dein Gesicht langsam zu Gott ... Deine Augen bleiben geschlossen ... Was willst du Gott mit deinem erhobenen Gesicht sagen? Verweile bei diesem Gefühl oder bei dieser Kommunikation mit Gott ein wenig ... Werde dir dann der Stellung deines Gesichts so voll bewusst wie möglich ... dann auch deiner Empfindungen im Gesicht ...

Nach einigen Augenblicken frage dich noch einmal, was du Gott mit deinem erhobenen Gesicht sagen willst, und verweile so ein wenig ...

Übung 10 Die Berührung Gottes

Hier eine Variante zu den Übungen, in denen Körperempfindungen verwendet werden, in der Form eines Andachtsgebets. Wem es schwerfällt, die früheren Übungen als echtes Gebet und echte Meditation anzuerkennen, wird die folgende Übung schätzen.

> Wiederhole eine der Übungen, die mit Körperempfindungen arbeiten … Nimm dir Zeit, damit du so viele und so feine Empfindungen wie möglich in verschiedenen Körperteilen erfährst …
>
> Überlege nun: Jede Empfindung, die ich erfahre, sei sie noch so schwach und fein, ist die Auswirkung einer biochemischen Reaktion, die sich nicht ohne Gottes Allmacht ereignen könnte … Spüre, wie Gottes Macht bei jeder einzelnen Empfindung am Werk ist …
>
> Spüre, wie er dich mit jeder Empfindung, die er bewirkt, anrührt … Spüre die Berührung Gottes in verschiedenen Körperteilen: Spüre, wie rau oder sanft, wie angenehm oder schmerzhaft seine Berührung ist …

Viele, die Gott erfahren wollen, fragen mich, was sie tun sollen. Gotteserfahrung braucht nichts Sensationelles oder Ungewöhnliches zu sein. Die Gotteserfahrung ist zweifellos verschieden von unseren alltäglichen Erfahrungen: Sie kann sich zum

Beispiel in der tiefen inneren Stille mitteilen, von der schon die Rede war; in der Erfahrung leuchtender Dunkelheit oder der Leere, die Erfüllung bringt. Man kann plötzliche, unerklärliche Blitze der Ewigkeit oder der Unendlichkeit erfahren, die uns erreichen, wenn wir am wenigsten auf sie gefasst sind, etwa mitten in der Arbeit oder beim Spiel.

Wir meinen, über uns hinausgehoben zu werden, wenn wir uns Schönheit oder Liebe gegenübersehen. Selten halten wir diese Erfahrungen für sensationell oder ungewöhnlich. Wir denken nicht über sie nach. Wir erkennen sie nicht als das, was sie sind, und wir suchen weiter nach der großen Gotteserfahrung, die unser Leben umwandeln wird.

So wenig müssen wir tun, um Gott zu erfahren. Wir müssen nur still werden – und uns der Empfindungen in unserer Hand bewusst werden. Da hast du Gott lebendig und tätig in dir, er berührt dich, er ist dir sehr nahe. Spüre ihn, erfahre ihn!

Viele Menschen halten eine solche Erfahrung für viel zu gewöhnlich. „Gewiss ist Gotteserfahrung mehr als einfach die Empfindung in der rechten Hand!" Die so sprechen, sind wie die Juden, die inbrünstig in die Zukunft blickten, in Erwartung eines herrlichen, sensationellen Messias – dabei lebte er unter ihnen als der Mann namens Jesus von Nazaret.

Wir vergessen allzu leicht eine der großen Lehren der Menschwerdung, nämlich dass Gott sich im Gewöhnlichen mitteilt. Willst du Gott sehen? Blicke das Gesicht deines Nachbarn an. Möchtest du ihn hören? Lausche auf das Weinen eines Kindes, das laute Gelächter einer Party, auf das Rascheln der Bäume im Wind. Möchtest du ihn berühren? Fasse jemanden bei der Hand. Oder berühre den Stuhl, auf dem du sitzt, oder das Buch, das du liest. Oder werde nur still, werde dir deiner Körperempfindungen bewusst, spüre, wie seine Allmacht in dir am Werk ist und wie nahe er dir ist. Er heißt Emmanuel – Gott mit uns.

Übung 11 Geräusche

Wenn ich nicht dafür sorge, dass meine Meditationsgruppen an einem ruhigen Ort zusammentreffen, beklagen sich mit Sicherheit einige Mitglieder der Gruppe über den Lärm. Der Verkehr auf der Straße, die Dudelei eines Radios, eine Tür schlägt zu, ein Telefon läutet. Alle diese Geräusche scheinen ihre Ruhe und ihren Frieden zu stören und sie abzulenken.
Geräusche anderer Art sollen hingegen Schweigen und Gebet unterstützen. Lausche zum Beispiel dem Laut der Kirchenglocke in der Abenddämmerung, dem Gesang der Vögel am frühen Morgen oder dem sanften Spiel der Orgel in einer großen Kirche. Dabei gibt es keine Klagen! Und doch sollte kein Geräusch dein Schweigen und deinen Frieden stören können, es sei denn, es ist so laut, dass es das Trommelfell beschädigt. Du musst nur alle Geräusche, die dich umgeben und dich stören, in deine Meditation ein-

begreifen und du wirst die tiefe Stille im Herzen aller Geräusche entdecken. Deshalb versammle ich meine Gebetsgruppen gern an Orten, die nicht völlig ruhig sind. Ein Zimmer über einer verkehrsreichen Straße reicht für meine Zwecke vollkommen aus. Hier eine Übung, die dich anleitet, inmitten von Geräuschen zur Meditation zu gelangen.

> Schließe die Augen. Verstopfe deine Ohren mit dem Daumen. Bedecke deine Augen mit den Handflächen.
>
> Jetzt hörst du keines der dich umgebenden Geräusche mehr. Höre dem Geräusch deines Atems zu.
>
> Nach zehn vollen Atemzügen lasse die Hände langsam in den Schoß sinken. Die Augen bleiben geschlossen. Lausche aufmerksam allen Geräuschen, die dich umgeben – versuche, so viele wie möglich wahrzunehmen, die vernehmlichen Geräusche, die leisen Geräusche, die nahen und die fernen …
>
> Nach einer Weile höre den Geräuschen zu, ohne sie zu identifizieren („Geräusche von Fußtritten", „Ticken der Uhr", „Straßenverkehr") … Lausche dem Universum der Geräusche als einem Ganzen …

Geräusche lenken dich ab, wenn du vor ihnen weglaufen, sie aus deinem Bewusstsein stoßen willst, wenn du ihnen das Recht dazusein verwehrst. Dann sind sie zerstreuend und irritierend. Wenn du sie einfach annimmst und dir ihrer bewusst wirst, dann sind sie kein Grund zur Zerstreuung und Irritation mehr, sondern ein Mittel, um ruhig zu werden. Du wirst mit der Zeit erfahren, wie erholsam diese Übung ist.

Sie führt dich hin zu guter Meditation. Die Theorie über die Entfaltung des mystischen Herzens im Menschen ist auch hier gültig: nur dass es nicht um die Wahrnehmung deiner Körperempfindungen geht, sondern dass du dich jetzt auf die Geräusche in deiner Umgebung konzentrieren musst, während sich dein mystisches Herz allmählich von selbst entfaltet und sich um Gott bemüht.

Wem diese Theorie aber nicht gefällt, dem zeige ich hier, wie die Meditation, die in dieser Übung „steckt", im Sinne einer Andachtsübung erfahren werden kann.

Höre auf alle Geräusche in deiner Umgebung (wie in der letzten Übung erklärt) ...

Werde selbst auf das leiseste Geräusch aufmerksam. Ein Geräusch ist häufig aus mehreren Einzelgeräuschen zusammengesetzt ... es wechselt in Tonhöhe und Lautstärke ... Versuche, so viele Nuancen zu hören wie möglich ...

Nun werde dir weniger der Geräusche in deiner Umgebung als deiner Hörtätigkeit bewusst ...

Was spürst du, wenn du erkennst, dass du die Fähigkeit zu hören hast? Dankbarkeit ... Lobpreis ... Freude ... Liebe ...?

Kehre zu den Geräuschen zurück ... und wechsele von dem Bewusstsein der Geräusche zum Bewusstsein deiner Hörtätigkeit hin und her ...

Denke nun daran, dass jedes Geräusch durch Gottes Allmacht entsteht und von ihr erhalten wird ... Gott *tönt* überall in deiner Umgebung ... Ruhe in diesem Geräuschuniversum ... Ruhe in Gott.

Es ist typisch für die Hebräer der Bibel, Gottes Handeln in allen Dingen zu sehen. Wir halten uns fast ausschließlich mit sekundären Ursachen auf, während die Hebräer meist auf die Erste Ursache blickten. Sind ihre Armeen im Kampf geschlagen worden? Nein, Gott hat sie geschlagen; das Unvermögen der Generäle hat nichts damit zu tun! Wurde ihre Ernte von Heuschrecken zerstört? Gott hat sie geschickt. Verwegen würden sie sogar sagen, Gott selbst habe die Herzen böser Menschen verhärtet!
Zugegeben, ihr Wirklichkeitssinn war einseitig. Sie haben anscheinend sekundäre Ursachen ganz ignoriert. Unser moderner Wirklichkeitssinn ist auf noch extremere Weise einseitig, denn wir ignorieren anscheinend ganz die Erste Ursache. Sind deine Kopfschmerzen verschwunden? Die Hebräer würden gesagt haben: „Gott hat dich gesund ge-

macht!" Und wir: „Lass Gott aus dem Spiel. Die Aspirintablette hat dich gesund gemacht." In Wirklichkeit hat dich Gott durch die Aspirintablette gesund gemacht. Uns ist jedoch ganz der Sinn für das Werk des Unendlichen in unserem Leben verloren gegangen. Wir spüren nicht mehr, dass Gott uns zu unserem Ziel führt durch unsere Regierungen, dass Gott uns tröstet und heilt durch unsere Berater, dass Gott uns gesund macht durch unsere Ärzte, dass Gott jedes Ereignis unseres Lebens formt, dass Gott jeden Menschen, dem wir begegnen, schickt, dass Gott den Regen schickt, dass er uns im leichten Wind umspielt und uns bei jeder Empfindung berührt. Er erschafft alle Laute um uns, damit wir sie hören und uns Gottes Gegenwart bewusst werden.

Sehr hilfreich kann es sein, wenn die Gruppe oder der Gruppenleiter mit leiser Stimme eine Antifon zu dieser Übung singt. Es hilft auch sehr, die Sanskrit-Silbe OM zu singen. Am besten ist, eine Zeile oder eine Silbe zu singen, dann eine Weile still zu bleiben und dann wieder zu singen.

Das kannst du sogar versuchen, wenn du allein bist. Es ist dabei wichtig, dass du nicht nur den Gesangslauten lauschst, sondern auch der Stille, die jedem Gesang folgt.

Gesang bringe ich häufig ebenfalls in eine schweigend meditierende Gruppe, in regelmäßigen Abständen. Es vertieft das Schweigen, falls die Gruppe versteht zuzuhören. Eine ähnliche Wirkung kann erreicht werden, wenn man in regelmäßigen

Abständen einen Gong schlägt. Schlage den Gong, höre auf den Nachhall, höre, wie der Laut langsam abebbt, lausche der Stille, die folgt.

Übung 12 Konzentration

Hier eine Übung, die versucht, die reine Wahrnehmung zu erreichen.

> Wähle einen Gegenstand sinnlicher Wahrnehmung, worauf du deine Aufmerksamkeit richten kannst. Ich schlage vor, dass du *entweder* die Empfindungen in einem Körperteil *oder* deinen Atem *oder* die Geräusche in deiner Umgebung wählst.
>
> Richte deine Aufmerksamkeit auf diesen Gegenstand; das muss auf eine Weise geschehen, dass du dir sofort dessen bewusst wirst, wenn deine Aufmerksamkeit wandert.
>
> Nehmen wir an, dass du als Gegenstand deiner Aufmerksamkeit deinen Atem gewählt hast. Konzentriere dich also auf den Atem ... Wahrscheinlich wird nach einer Weile deine Aufmerksamkeit zu etwas anderem wandern – zu einem Gedanken, einem Geräusch, einem Gefühl ... Das gilt nicht als Zerstreuung, wenn du dir bewusst bist, dass deine Aufmerksamkeit sich auf irgendetwas anderes verlagert hat. Wichtig ist jedoch, dass du dir dieses Wechsels bewusst wirst,

während er stattfindet oder sofort danach. Nur wenn du dir des Wechsels, lange nachdem er stattgefunden hat, bewusst wirst, muss man von Zerstreuung sprechen.

Wenn du den Atem zum Gegenstand deiner Aufmerksamkeit gewählt hast, dann wird deine Wahrnehmung etwa diese aufeinanderfolgenden Inhalte haben: „Ich atme ... ich atme ... jetzt denke ich ... denke ... denke ... jetzt höre ich auf ein Geräusch ... höre ... höre ... jetzt bin ich irritiert ... irritiert ... jetzt bin ich gelangweilt ... gelangweilt ... gelangweilt ...“

Wenn du dir des Wechsels in deiner Aufmerksamkeit bewusst geworden bist, dann verweile bei diesem neuen Gegenstand (Denken, Zuhören, Fühlen) ein wenig, dann kehre zu dem ursprünglichen Gegenstand deiner Aufmerksamkeit (Atem) zurück.

Du wirst in der Selbstwahrnehmung *(self-awareness)* mit der Zeit so geübt werden, dass du dir nicht nur bewusst wirst, dass deine Aufmerksamkeit wandert, sondern auch des Impulses, die Aufmerksamkeit einem anderen Gegenstand widmen zu wollen. Wenn du zum Beispiel deine Hand bewegen willst, wirst du dir zunächst des Wunsches in dir bewusst, die Hand zu bewegen, dann deiner Zustimmung zu diesem Wunsch, seiner Ausführung, schließlich der ersten Bewegung deiner Hand.

Diese Handlungsfolge läuft im Bruchteil einer Sekunde ab und es ist unmöglich, die eine Handlung von der anderen zu unterscheiden, es sei denn, unsere innere Stille ist fast vollkommen und unser Bewusstsein messerscharf geworden.
Manche Leute meinen, die Wahrnehmung des eigenen Körpers, der eigenen Gedanken und Gefühle *(self-awareness)* sei eine Form von Egoismus, und sie raten, man solle sich selbst vergessen und sich dem Nächsten zuwenden. Höre einmal einer Tonbandaufnahme zu, auf der das Gespräch eines wohlmeinenden, dynamischen, aber unerfahrenen Beraters mit seinem Klienten aufgezeichnet ist, und du verstehst, wie unheilvoll ein solcher Rat sein kann. Wenn dieser freundliche Berater nicht weiß, was in ihm selbst vorgeht, dann weiß er gewiss auch nicht, was in den tiefen Seelenschichten seines Klienten vorgeht oder welche psychischen Abläufe beim kommunikativen Austausch zwischen ihm und seinem Klienten stattfinden. Dann kann er längst nicht wirkungsvoll genug helfen und die Gefahr ist groß, dass er dem Klienten schadet.
Wer sich seiner selbst bewusst wird, der wächst machtvoll in der Liebe zu Gott und zum Nächsten und diese Liebe fördert, ist sie echt, Selbstwahrnehmung und immer tieferes Bewusstsein seiner selbst.
Um eine solche Bewusstheit zu entwickeln, brauchst du keine abstrusen Hilfsmittel. Beginne mit einfachen Dingen, wie der Wahrnehmung deiner Körperempfindungen oder der Wahrnehmung

der Dinge, die dich umgeben, dann wende dich Übungen zu, die ich zuletzt besprochen habe, und es wird nicht lange dauern, bis du die Früchte des Friedens und der Liebe spürst, welche dir die erhöhte Selbstwahrnehmung schenken.

Übung 13 Gott in allen Dingen finden

Dies ist eine Zusammenfassung von mehreren früheren Übungen:

Beginne mit irgendeiner Wahrnehmungsübung.

Konzentriere dich zum Beispiel auf deine Körperempfindungen ... Beobachte nicht nur die gröberen Empfindungen, die sich deiner Wahrnehmung unmittelbar anbieten, sondern auch die feineren ... Gib den Empfindungen keine Bezeichnungen (Brennen, Betäubung, Stechen, Juckreiz, Kälte) ... Spüre die Empfindungen nur ...

Konzentriere dich in gleicher Weise auf die Geräusche ... Werde dir so vieler Geräusche wie möglich bewusst ... Versuche nicht, den Ursprung der Geräusche zu benennen ... Höre die Geräusche nur ...

Im Laufe der Übung wird tiefer Friede über dich kommen, eine tiefe Stille ... Werde dir nun kurz dieses Friedens und dieser Stille bewusst ...

Empfinde, wie gut es ist, in diesem Augenblick

hier zu sein. Nichts tun zu müssen. Nur da zu sein.

Zu sein.

Für jene, die zu der Form von Andachtsübungen neigen:

Mache die letzte Übung, bis du Frieden spürst ...

Werde dir eine Weile des Friedens und der Stille bewusst ...

Drücke dich nun Gott gegenüber ohne Worte aus. Stelle dir vor, du seist stumm und könntest mit anderen nur mit deinen Augen und deinem Atem in Beziehung treten. Sage Gott ohne Worte: „Herr, ich bin froh, hier bei dir zu sein."

Oder trete mit dem Herrn überhaupt nicht in eine Beziehung. Ruhe nur in seiner Gegenwart.

Hier ist eine weitere Andachtsübung, die kurz skizziert, wie wir *Gott in allen Dingen finden können.*

Werde dir deiner sinnlichen Wahrnehmungen so scharf wie möglich bewusst: der Luft, die du atmest ... der Geräusche in deiner Umgebung ... deiner Körperempfindungen ...

Spüre Gott in der Luft, in den Geräuschen, in den Empfindungen ...

Ruhe in diesem Universum der sinnlichen Wahrnehmungen. Ruhe in Gott … Gib dich diesem Universum der sinnlichen Wahrnehmungen hin (Geräuschen, Berührungen, Farben) … Gib dich Gott hin …

Übung 14 Wahrnehmung vom anderen

Alle bisherigen Übungen haben sich mit der Wahrnehmung von uns Menschen und mit der Wahrnehmung von Gott durch uns Menschen beschäftigt. Denn es gibt keine Wirklichkeit, die Gott näher ist als du selbst. Du kannst nichts erfahren, was Gott näher ist als du selbst. Der heilige Augustinus besteht deshalb mit Recht darauf, dass wir den Menschen zu sich selbst hin „wiederherstellen" müssen, damit er zu Gott hin fortschreiten kann. Gott ist der Grund unseres Wesens, das *Selbst* meines Selbst, und ich kann nicht sehr tief in mich eindringen, ohne ihn zu berühren.
Die Bewusstheit unserer selbst ist auch ein Mittel, um Bewusstheit für den anderen zu entfalten. Nur insofern ich meine eigenen Gefühle kenne, kann ich die Gefühle anderer bewusst wahrnehmen. Nur insofern ich meine eigenen Reaktionen auf andere kenne, kann ich ihnen in Liebe begegnen, ohne ihnen zu schaden. Wenn ich sensibel werde für mein eigenes Wesen, dann entwickle ich auch ein feineres Bewusstsein für das Wesen meines Bruders. Wenn es mir schwerfällt, die Wirklichkeit, die mir am nächsten liegt, nämlich mich selbst, zu erken-

nen – wie schwer muss es mir erst fallen, Gott und meinen Bruder zu erkennen?

Die folgende Übung befasst sich mit dem Bewusstsein für den anderen auf eine für dich vielleicht unerwartete Weise. Ich mache es etwas leichter: Wir üben, uns der übrigen Schöpfung bewusst zu werden. Später, wenn dir diese Übung leichtfällt, kannst du die bewusste Wahrnehmung des Nächsten üben. In dieser Übung sollst du eine Haltung der Ehrfurcht gegenüber der gesamten unbelebten Schöpfung lernen, für alle Dinge, die dich umgeben. Einige große Mystiker sagen uns, dass sie auf geheimnisvolle Weise mit einer tiefen Ehrfurcht erfüllt werden, wenn sie den Zustand der Erleuchtung erlangen. Ehrfurcht vor Gott, Ehrfurcht vor dem Leben in jeder Form und auch Ehrfurcht vor der unbelebten Schöpfung. Und sie neigen dazu, die gesamte Schöpfung zu personalisieren. Sie behandeln die Menschen nicht mehr wie Dinge. Sie behandeln die Dinge nicht mehr wie Dinge – sogar die Dinge sind für sie Personen geworden – und die Folge ist, dass ihre Ehrfurcht und Liebe für die Menschen tiefer wird.

Franz von Assisi war ein solcher Mystiker. Er sprach Sonne, Mond, Sterne, Bäume, Vögel, Tiere als „Brüder“ und „Schwestern“ an. Sie waren Mitglieder seiner Familie und er sprach liebevoll mit ihnen. Der heilige Antonius von Padua predigte sogar den Fischen! Eine närrische Sache natürlich, von unserem rationalen Standpunkt aus gesehen. Doch vom mystischen Standpunkt ist diese Perso-

nalisierung und Heiligung der Fische von tiefer Weisheit.
Es wäre gut, wenn du selbst ein wenig davon spürtest, anstatt bloß darüber zu lesen. Deshalb machen wir jetzt diese Übung. Doch dafür musst du eine Zeit lang die Vorurteile eines Erwachsenen ablegen und wie ein kleines Kind werden, das allen Ernstes mit seiner Puppe spricht oder wie Franz von Assisi mit der Sonne und dem Mond und den Tieren. Wenn du ein kleines Kind wirst, zeitweise zumindest, dann kannst du das Himmelreich entdecken – und Geheimnisse erfahren, die Gott gewöhnlich vor den Weisen und Klugen verborgen hält.

Nimm einen Gegenstand, den du häufig gebrauchst: einen Federhalter, eine Tasse ... Es muss ein Gegenstand sein, den du leicht in Händen halten kannst.

Der Gegenstand ruht auf den Innenflächen deiner ausgestreckten Hände. Schließe nun die Augen und spüre den Gegenstand auf deinen Händen ... Werde dir seiner so deutlich wie möglich bewusst. Werde dir zunächst seines Gewichtes bewusst ... dann der Empfindungen, die er auf deinen Handflächen hervorruft ...

Betaste den Gegenstand nun mit den Fingern oder mit beiden Händen. Es ist wichtig, dass dies sanft und ehrfurchtsvoll geschieht: Betaste seine Rauheit oder Glätte, seine Härte oder Weichheit, seine Wärme oder Kälte ... Nun drücke ihn gegen andere Teile deines Körpers und spüre, ob er sich anders anfühlt. Drücke ihn gegen deine Lippen ... deine Wangen ... gegen deine Stirn ... auf deinen Handrücken ...

Mit deinem Tastsinn hast du diesen Gegenstand nun kennengelernt ... Als Nächstes lerne ihn mit den Augen kennen, werde dir seiner durch dein Sehvermögen bewusst. Öffne die Augen und blicke ihn von verschiedenen Seiten an ... Bemerke jede kleinste Einzelheit daran: seine Farben, seine Form, seine verschiedenen Teile ...

Rieche daran ... wenn möglich, schmecke ihn ... halte ihn an dein Ohr und höre ihn ...

Stelle nun den Gegenstand vorsichtig vor dich hin oder lege ihn auf den Schoß und sprich ihn an ... Stelle zunächst einige Fragen über ihn selbst ... sein Leben, seinen Ursprung, seine Zukunft ... Und höre zu, während er das Geheimnis seines Wesens und sein Schicksal vor dir entfaltet ... Höre zu, wie er dir erklärt, was seine Existenz für ihn bedeutet ...

Dein Gegenstand besitzt ein tiefes, geheimes Wissen über dich selbst ... Frage danach und höre zu, was er zu sagen hat ... Umgekehrt hast du diesem Gegenstand etwas mitzugeben ... Was? Was möchte er von dir? ...

Nun stelle dich und den Gegenstand in die Gegenwart Jesu Christi, dem Wort Gottes, in dem und für den alles gemacht worden ist. Höre zu, was er dir und diesem Gegenstand zu sagen hat … Welche Antwort gebt ihr beide darauf? …

Nun blicke deinen Gegenstand noch einmal an … Hat sich deine Haltung ihm gegenüber verändert? … Hat sich deine Haltung gegenüber den anderen Gegenständen in deiner Umgebung verändert? …

Welchen persönlichen Gewinn können wir aus Wahrnehmungsübungen ziehen?

Als du anfingst, die Übungen in diesem Buch zu machen, wirst du wahrscheinlich Zweifel an dem Wert dieser Art von Meditation gehabt haben. Sie scheint weder Meditation noch Gebet im traditionellen Wortsinn zu sein. Verstehst du Gebet als ein „Gespräch mit Gott", werden dich die Übungen unbefriedigt lassen, denn es gibt darin so gut wie keine gesprochenen Worte. Wenn du Meditation als „Reflexion", „Einsichten" und „gute Vorsätze" verstehst, dann wirst du in diesem Buch wenig Meditation finden. Du beendest diese Übungen, ohne etwas Konkretes in Händen zu haben, trotz aller deiner Bemühungen. Nichts, was du in dein geistliches Tagebuch eintragen könntest – zumindest nichts zu Beginn, und vielleicht niemals etwas. Häufig wirst du mit dem unangenehmen Gefühl aufhören, dass du nichts getan und nichts erreicht

hast. Diese Art Gebet ist besonders unbefriedigend für junge Menschen und für jene, die Wert auf Leistung legen. Für jene, denen angestrengte Leistung wichtiger ist, als einfach zu sein.
Ich erinnere mich lebhaft an einen jungen Menschen, der anscheinend nichts mit diesen Übungen anfangen konnte. Für ihn war es sehr frustrierend, bewegungslos dazusitzen und sich einer Leere auszusetzen, obwohl er zugab, dass er auch beim gewohnten Gebet einfach zu Gedanken nicht fähig sei. Er würde die meiste Zeit damit verbringen, Zerstreuungen abzuwehren – im Allgemeinen ohne Erfolg –, und er bat mich um Übungen, die ihm halfen, die Zeit und die Mühe, die er dem Gebet widmete, sinnvoller auszufüllen. Glücklicherweise fuhr er standhaft mit den Übungen fort und nach sechs Monaten kam er zu mir und berichtete, dass er unendlichen Gewinn aus ihnen zog – viel mehr, als ihm seine üblichen Gebete und Meditationen, Einsichten und guten Vorsätze gebracht hatten. Was war geschehen? Er hatte auf jeden Fall mehr Friede in diesen Übungen gefunden. Seine Zerstreuungen waren nicht weniger geworden. Nichts hatte sich bei den Übungen geändert. Sein Leben aber, das hatte sich verändert! Dieser ständige, schmerzliche, von Zerstreuungen geplagte Versuch, sich einem scheinbaren Nichts, einer scheinbaren Leere auszusetzen, dieser Versuch, nur seine Gedanken zu beruhigen und eine Art inneres Schweigen zu erlangen, indem er sich auf Körperempfindungen oder auf seinen Atem oder auf Geräusche

konzentrierte, gab ihm eine neue Kraft in seinem Alltagsleben, die er zuvor nicht gespürt hatte – eine Kraft, die so stark war, dass sie sich seinem Leben unmissverständlich mitteilte.
Das ist einer der größten Vorteile dieser Art von Gebet: Es bewirkt einen inneren Wandel, der scheinbar mühelos vonstattengeht. Alle Tugenden, die du bisher durch deine *Willenskraft* zu erreichen suchtest, scheinen sich jetzt mühelos einzustellen – Ernsthaftigkeit, Einfachheit, Güte, Geduld ... Falsche Neigungen fallen von dir ab, ohne dass du gute Vorsätze und Anstrengungen machen musst. Das umfasst Verhaftungen an Dinge, wie Rauch- und Trunksucht, aber auch Verhaftungen an Personen, wie erotische Vernarrtheit und übergroße Abhängigkeit.
Wenn du das erfährst, dann weißt du, dass deine Mühe reichen Lohn bringt.

Welchen Gewinn zieht eine Gruppe aus den Wahrnehmungsübungen?

Wenn du diese Übungen in einer Gruppe machst, wirst du erfahren, dass die Teilnehmer, eben weil sie in einer Gruppe üben, Nutzen daraus ziehen. Der größte Gewinn ist, dass die Liebe unter den Teilnehmern der Gruppe wächst. Man macht heutzutage viele und sehr lobenswerte Versuche, eine engere Gruppengemeinschaft unter Mitgliedern der religiösen Kommunitäten und in Familien zu schaffen; Dialog, Gruppengespräch und Gruppenbegegnung *(group encounter)* sind übliche Mittel. Es gibt noch ein weiteres Mittel: Gruppenmeditation – wenn alle Mitglieder der Gruppe wenigstens eine halbe Stunde täglich zusammensitzen, am besten im Kreis, und völliges Stillschweigen bewahren. Es ist wichtig, dass dieses Schweigen nicht nur äußerlich ist – dass sich also niemand bewegt, niemand unruhig wird, niemand ein Gebet in (gesprochene) Worte fasst –, sondern auch innerlich, nämlich, dass die Gruppenmitglieder sich bemühen, mit Hilfe von Übungen, ähnlich der hier angebotenen, eine wort- und gedankenlose Stille in sich zu schaffen.

Ein verheirateter Mann sagte mir, dass er und seine Frau jeden Morgen eine Stunde in dieser Art von Meditation verbringen, wobei sie sich mit geschlossenen Augen gegenübersitzen; nach jeder solchen Stunde erfahren sie eine Vereinigung der Herzen und eine Liebe füreinander, die alles übertrifft, was sie vorher, auch als sie verliebt waren, je gekannt hatten. Ich muss hinzufügen, sie sind beide Experten in der Kunst der Meditation und der Kunst, innerlich still zu werden.

Nach dreißigtägigen Exerzitien unter meiner Anleitung sagte mir ein Priester, dass er sich in seinem ganzen Leben keiner Gruppe so eng verbunden gefühlt hatte wie jenen vierzig völlig unbekannten Priestern, mit denen er die Exerzitien gemacht hatte. Dieses Gefühl, mit der Gruppe eins zu sein, war einzig und allein dadurch entstanden, dass die

Gruppe jede Nacht etwa 45 Minuten lang zu gemeinsamer Meditation in völligem Schweigen zusammenkam.
Wenn Schweigen tief genug ist, kann es vereinen. Worte können die Kommunikation manchmal stören. Ein Exerzitienmeister, der Exerzitien im Stil des Zen hält, wobei die Teilnehmer stundenlang schweigend zusammensitzen und sich von allen Gedanken leeren, sagte mir, er bestehe darauf, dass alle Teilnehmer die Übung gemeinsam in einer Halle machen. Das fördere erheblich die Harmonie unter ihnen – oft achtzig Menschen, die sich nie zuvor gesehen haben – und vermittele ihnen ein tiefes Bewusstsein der Einheit.

Meditation ist leichter in einer Gruppe

Wahrscheinlich wird es dir leichter fallen, dich zu sammeln und diese Übungen nutzbringend zu machen, wenn du sie mit einer Gruppe von Gleichgesinnten übst.
Wichtig ist, dass alle Teilnehmer ernsthaft diese Form der Meditation üben. Die geistige Trägheit *einer* Person in der Gruppe zieht die ganze Gruppe herab, ebenso wie die besonderen Bemühungen einiger meditativ begabter Teilnehmer die ganze Gruppe emporheben. Immer wieder haben mir Teilnehmer gesagt, wie hilfreich es ist, wenn sie die Übungen in einer Gruppe, anstatt allein in ihren Zimmern machen. Ich möchte das allerdings nicht

als eine allgemeine Regel hinstellen. Als einige Teilnehmer von buddhistischen Exerzitien, an denen ich teilnahm, Schwierigkeiten mit der Konzentration hatten, bat sie der Exerzitienmeister, sich in seine Nähe zu setzen, was zu meinem Erstaunen die Konzentrationsfähigkeit unweigerlich verbesserte.

Gibt es irgendeine unbewusste Kommunikation zwischen Menschen, wenn sie in tiefem Schweigen nebeneinandersitzen? Oder werden durch die Übungen „Schwingungen“ geschaffen, die eine gute Wirkung auf jene haben, die nahe genug sind? Das jedenfalls war die Theorie unseres buddhistischen Exerzitienmeisters. Er empfahl auch mit Nachdruck, dass wir eine Gewohnheit daraus machen sollten, unsere Meditation jeden Tag zur selben Zeit und am selben Ort, in derselben Zimmerecke, abzuhalten, in einer Ecke etwa, die nur diesem Zweck dient, oder in einem Raum, in dem sich auch andere zu Gebet und Meditation versammeln. Ich habe diese Regel als sehr nützlich empfunden. Als Grund nannte der Exerzitienmeister noch einmal die guten Schwingungen, welche von der Meditation hervorgerufen werden und die an diesem Ort noch lange nach ihrer Beendigung anhalten. Gleichgültig, ob diese Begründung stimmt oder nicht, meine Erfahrung und die anderer lehrt mich, dass es hilft, an Orten zu beten, die von häufiger Meditation geheiligt sind.

Der besondere Wert der Körperbewusstheit *(body awareness)*

Ich habe immer wieder vorgeschlagen, dass du die Wahrnehmung deines Atems, von Geräuschen oder von Körperempfindungen als Grundlage deiner Meditation wählst. Haben sie alle den gleichen Wert? Nach meiner Meinung hat die Übung, sich Körperempfindungen bewusst zu machen, einen Vorteil gegenüber denen, die sich mit der Wahrnehmung von Geräuschen und des Atems befassen. Neben seinem spirituellen Nutzen bringt diese Übung auch großen psychologischen Gewinn.

Es gibt eine enge Beziehung zwischen dem Körper und der Psyche; wird der Körper in Mitleidenschaft gezogen, bleibt davon die Psyche nicht unberührt, und umgekehrt. Beide bedingen einander in ihrem Wohlbefinden. Wenn deine Körperbewusstheit so scharf wird, dass jeder Körperteil Empfindungen hervorbringt, dann lösen sich deine körperlichen und emotionalen Spannungen und du fühlst dich befreit. Ich kenne Menschen, die auch von psycho-somatischen Krankheiten wie Asthma und Migräne, von emotionalen Problemen wie tiefsitzenden Ressentiments und neurotischen Angstzuständen befreit wurden, nachdem sie sich mit Ausdauer in die Wahrnehmung der Körperempfindungen eingeübt hatten.

Eine Folge dieser Übung ist manchmal, dass sich das Unbewusste öffnet und du mit starken Gefühlen und Fantasien überflutet wirst; bisher unterdrücktes Bewusstseinsmaterial, im Allgemeinen Gefühle und Fantasien sexueller Lust und des Ärgers, steigen ins Bewusstsein hoch. Das ist nicht gefährlich, wenn du nur deine Wahrnehmungsübungen weitermachst und auf die Fantasien und Gefühle nicht achtest. Du solltest dich nur davor hüten, wie schon gesagt, stundenlang täglich Atemübungen zu machen, es sei denn, du stehst unter der Leitung eines erfahrenen Lehrers.

Wenn du also ernsthaft und systematisch diese Übungen machen willst, rate ich dir, mit den Übungen zur Wahrnehmung des Atems und der Wahrnehmung der Geräusche anzufangen und nach einigen Minuten mit den Wahrnehmungsübungen der Körperempfindungen weiterzumachen. Jenen solltest du die größere Bedeutung zumessen; lass dein Bewusstsein über alle Teile deines Körpers wandern, bis dein ganzer Körper von vielen Empfindungen belebt ist. Verweile dann in diesem Zustand bewusster Wahrnehmung deines Körpers als Ganzem, bis du dich zerstreut fühlst und du dir von Neuem eines Körperteils nach dem anderen bewusst werden musst. Dein Herz wird sich dem Göttlichen öffnen – aber auch deine Psyche und dein Körper werden großen Gewinn aus dieser Übung ziehen.

Abschließend noch ein Wort der Ermutigung: Der Friede und die Freude, die ich dir als eine Folge dieser Übungen versprochen habe, sind wahrscheinlich ungewohnte Gefühle für dich. Am Anfang sind sie so fein, dass sie kaum als Gefühle in

Erscheinung treten. Wenn du das nicht weißt, könntest du vielleicht entmutigt werden.
Man muss lernen, diesen Frieden und diese Freude zu kosten. Wenn ein Kind hört, dass Bier gut schmeckt, wird es wahrscheinlich erwarten, dass Bier seiner Vorstellung von gutem Geschmack entspricht, und es ist erstaunt und enttäuscht, dass Bier nicht süß ist wie die Limonade, die es bisher getrunken hat. Am besten ist, wenn du die Meditation ohne vorgefasste Urteile beginnst. Sei bereit, neue Erfahrungen zu machen (sie mögen anfangs nicht einmal wie „Erfahrungen" aussehen) und ein ganz neues Gespür für deine Umgebung zu bekommen.

Fantasieübungen

Übung 15 Dort und hier

Unsere Fantasie enthält eine ungeahnte, ungenützte Kraft. Das will ich euch mit Hilfe eines Experiments zeigen, bevor ich erkläre, wie man sie bei der Meditation gebrauchen kann.

Schließe die Augen. Nimm eine entspannte Haltung ein. Beruhige dich eine Weile mit einer Wahrnehmungsübung. Wer mit seiner Fantasie und Vorstellungskraft arbeiten will, muss zunächst ruhig, gelöst und friedlich sein.

Ziehe dich nun in deiner Fantasie an einen Ort zurück, an dem du früher einmal glücklich gewesen bist … Nachdem du den Ort gewählt hast, bemühe dich eine Weile darum, dich an jede Einzelheit zu erinnern … Gebrauche in deiner Fantasie alle deine Sinne, damit du die Gegenstände und Farben an jenem Ort siehst, jeden Laut wieder hörst, alles berühren, schmecken und riechen kannst, soweit wie möglich, bis der ganze Ort in lebendiger Gegenwart vor dir steht …

Was tust du? …Was fühlst du? …

Nachdem du etwa fünf Minuten lang an jenem vorgestellten Ort geweilt hast, kehre zur Wirklichkeit zurück, zu deiner Anwesenheit in diesem Zimmer … Bemerke so viele Einzelheiten deiner Situation wie möglich … Beobachte besonders, was du fühlst … Verweile dabei etwa drei Minuten …

Kehre nun zu dem Ort, an den du dich in deiner Fantasie zurückgezogen hast, zurück … Was fühlst du jetzt? … Erkennst du einen Unterschied zu früher, was den Ort oder dein Gefühl betrifft? …

Kehre wieder zu diesem Zimmer zurück … und wechsele hin und her zwischen dem vorgestellten Ort und diesem Zimmer und bemerke jedes Mal, was du fühlst und ob sich dein Gefühl verändert hat …

Nach einigen Minuten öffne deine Augen und beende dieses Experiment. Wenn du willst, teile der Gruppe deine Erfahrungen mit.

Die meisten Gruppenteilnehmer berichten mir, sie habe diese Übung erfrischt und gestärkt. In ihrer Vorstellung kehren sie zu einem Ort zurück, an dem sie früher einmal Liebe und Freude oder tiefen Frieden und Schweigen erfahren haben. Wenn sie sich dieses Erlebnis vorstellen, erfahren sie auch wieder die Gefühle, die sie ursprünglich gehabt haben.
Die Rückkehr zu dem Zimmer, in dem sie sitzen, erweist sich oft als schmerzlich. Doch während sie zwischen jenem Ort und der Gegenwart hin und her wechseln, bringen sie von jenem Ort ihrer Vorstellung eine Menge jener positiven Gefühle,

die sie dort erfahren haben, mit in die Gegenwart. Sie kehren erfrischt und gestärkt von dem Ort ihrer Vorstellung zurück. Und es ist merkwürdig, aber wahr, dass sich ihre Wahrnehmung von der gegenwärtigen Wirklichkeit geschärft hat. Die Fantasie ist keineswegs eine Flucht aus der Wirklichkeit, wie manche Leute befürchten; im Gegenteil, ihr Rückzug in die vorgestellte Wirklichkeit hilft ihnen, der gegenwärtigen Wirklichkeit mutiger gegenüberzutreten. Sie erfassen sie genauer und setzen sich mit ihr mit erneuter Kraft auseinander.

Wenn du dich das nächste Mal müde und gelangweilt fühlst, dann versuche dieses Experiment und beobachte die Wirkung. Vielleicht hast du bisher selten deine Vorstellungskraft benutzt und hast zunächst Schwierigkeiten, dir etwas lebhaft vorzustellen, und deshalb brauchst du Übung, bevor du die volle Wirkung spürst. Doch wenn du geduldig weiterübst, wirst du letzten Endes Erfolg haben.

Pass auf, dass du wirklich deine Fantasie einsetzt und nicht bloß die Szene oder das Ereignis in die Erinnerung zurückrufst. Der Unterschied zwischen Fantasie und Erinnerung ist, dass ich in der Fantasie das erinnerte Ereignis tatsächlich neu durchlebe. Ich bin mir meiner gegenwärtigen Umgebung nicht mehr bewusst. Meine Gedanken, mein Bewusstsein sind ganz von jenem Ort der Vorstellung beansprucht. Wenn ich mir zum Beispiel eine Szene am Meeresstrand vorstelle, höre ich wieder das

Tosen der Wellen, spüre ich wieder die Sonne, wie sie auf meinem nackten Rücken brennt, ich spüre den heißen Sand unter meinen Füßen und auf diese Weise erfahre ich noch einmal sämtliche Gefühle, die ich hatte, als sich jene Szene zum ersten Mal zutrug.

Früher hätte ich mich mit der Behauptung meiner Exerzitanten: „Ich kann nicht mit meiner Fantasie beten. Ich habe eine sehr schwache Vorstellungskraft" zufriedengegeben. Und ich würde ihnen geraten haben, eine andere Gebetsweise zu wählen. Heute bin ich davon überzeugt, dass jeder mit ein wenig Übung seine Vorstellungskraft und Fantasie entwickeln und auf diese Weise unermesslichen emotionalen und spirituellen Reichtum erwerben kann.

Wenn du glaubst, dass du deine Fantasie überhaupt nicht gebrauchen kannst, dann versuche es einmal so: Blicke eine Zeit lang einen bestimmten Gegenstand vor dir an. Schließe dann die Augen und versuche, dir diesen Gegenstand vorzustellen. Wie viele Einzelheiten kannst du sehen? Öffne dann die Augen, blicke den Gegenstand an und stelle fest, was du in deiner Vorstellung vergessen hast. Schließe die Augen wieder und überprüfe, wie viele Einzelheiten du jetzt in der Vorstellung siehst, wie deutlich du sie erkennen kannst ... Ähnliches kannst du mit deinem Hörvermögen versuchen: Spiele ein paar Takte Musik von einem Tonband ab, höre dann in deiner Vorstellung die Musik noch einmal. Dann spiele die Musik noch

einmal und überprüfe, was du vergessen hast. Auf diese Weise kannst du allmählich dein Vorstellungsvermögen entwickeln.
Wir wollen nun das Experiment, das ich zu Anfang gemacht habe, in die spirituelle Dimension heben, damit du daraus auch spirituellen Nutzen gewinnst.

> Schließe die Augen und komme zur Ruhe …
>
> Kehre in deiner Vorstellung zu einem Ort zurück, an dem du früher einmal Gott erfahren hast …
>
> Folge den Anweisungen, die ich anfangs bei dem Experiment gegeben habe … Wechsele zwischen dem Ort der Vorstellung und der Wirklichkeit hin und her … Versuche, ein wenig von dieser geistigen Erfahrung und der geistigen Kraft, die du damals empfangen hast, zurückzugewinnen.

Um mit Erfolg die Kraft deiner Fantasie zu gebrauchen und aus diesen Übungen den größtmöglichen Gewinn zu ziehen, musst du im Zustand tiefer innerer Einsamkeit sein. Dann werden deine Vorstellungsbilder lebendig. Sie sollten idealerweise beinahe so lebendig sein wie die Wirklichkeit der Sinneswahrnehmungen.
Du brauchst nicht zu befürchten, dass dich diese Übungen zu einem weltflüchtigen, tagträumerischen Menschen machen. Tagträume werden erst

gefährlich, wenn der Träumer nicht zwischen der Wirklichkeit der Sinneswahrnehmungen und der seiner Vorstellungswelt unterscheiden kann oder wenn er nicht die Kraft hat, seine Träume abzuschalten, wenn er will. Doch wer diese Kraft besitzt, kann ohne Furcht diese Übungen machen.

Übung 16 Der Ort des Gebets

Eine der besten Hilfen für unser Gebet ist eine Umgebung, die das Gebet fördert. Oben habe ich von Orten gesprochen, die gute „Schwingungen" haben. Du wirst auch entdeckt haben, wie viel dir etwa ein schöner Sonnenauf- oder -untergang in deiner Sammlung und in deinem Gebet helfen. Oder das Glitzern der Sterne am schwarzen Nachthimmel. Oder der Mond, der hell durch die Bäume scheint. Eine natürliche Umgebung fördert fast immer das Gebet. Manche ziehen den Meeresstrand vor mit dem Tosen der Wellen, die gegen den Sand schlagen, andere einen ruhig strömenden Fluss, die stille, schöne Umgebung eines Sees oder den Frieden eines Berggipfels. Ist dir schon aufgefallen, dass sogar Jesus, der ein Meister des Gebets war, sich die Mühe machte, auf einen Berg zu steigen, um zu beten? Wie alle großen Kontemplativen war er sich bewusst, dass der Ort, an dem wir beten, die Tiefe unseres Gebets mitbestimmt.
Leider leben die meisten von uns in einer Umgebung, die uns von der Natur abschneidet, und die

Orte, die wir für unser Gebet aufsuchen müssen, sind eintönig und machen es uns keineswegs leichter, den Geist zu Gott zu erheben. Umso notwendiger ist es, Orte, die das Gebet fördern, ausgiebig und liebevoll zu nutzen, wenn wir die Gelegenheit dazu haben. Lass dir Zeit, nimm die Atmosphäre tief in dich auf, wenn du den nächtlichen Sternenhimmel betrachtest, am Meer sitzt oder auf einem Berggipfel stehst. Diese Erfahrungen kannst du tief in deinem Herzen tragen, und selbst wenn du weit von diesen Orten entfernt bist, wirst du in deiner Vorstellung dahin zurückkehren können.
Du kannst es sofort versuchen:

> Komme zunächst zur Ruhe, dann besuche in deiner Vorstellung einen Ort, der wahrscheinlich dein Gebet fördern wird: einen Meeresstrand, ein Flussufer, einen Berggipfel, eine ruhige Kirche, einen Balkon, von dem du auf den nächtlichen Sternenhimmel blicken kannst, einen Garten, der vom Mondlicht überflutet ist …
>
> Stelle dir den Ort so lebhaft wie möglich vor … Alle Farben … Höre alle Geräusche (die Wellen, den Wind in den Bäumen, die Insekten in der Nacht) …
>
> Hebe nun dein Herz zu Gott und sprich mit ihm.

Wer die Exerzitien des heiligen Ignatius von Loyola kennt, wird sich an die Methode der „Zurichtung des Schauplatzes"[2] erinnern. Ignatius empfiehlt, dass wir den Schauplatz jener Szene, über die wir meditieren wollen, neu zurichten. Im spanischen Originaltext spricht er allerdings nicht von einer „Zurichtung des Schauplatzes", sondern von „Zurichtung angesichts des Schauplatzes". Mit anderen Worten, nicht der Schauplatz soll zugerichtet werden, sondern du selbst sollst dich „zurichten", wenn du den Schauplatz in der Vorstellung siehst. Wenn du die letzte Übung mit Erfolg gemacht hast, wirst du wissen, wovon Ignatius spricht. Dann wird sich in deinem Herzen ein Ort des Friedens auftun, an den du dich immer zurückziehen kannst, wenn du Stille und Einsamkeit brauchst, selbst wenn du gerade auf dem Marktplatz stehst oder in einem vollen Zug sitzt.

Übung 17 Die Rückkehr nach Galiläa

Wenn Menschen, die sich lieben, gestritten haben und sich aussöhnen möchten, dann sollten sie sich an die glücklichen Zeiten erinnern, die sie miteinander verbracht haben. Durch die Propheten erinnerte Gott die Hebräer ständig an die „Flitterwochen", die er mit seinem Volk verbracht hatte, als er Israel in der Wüste zu seiner Braut erwählte; danach lebte die Braut Israel im Land, das von

---

[2] Ignatius von Loyola: Die Exerzitien. Übertragen von Hans Urs von Balthasar. Johannes Verlag, Einsiedeln [5]1965, S. 21 f. (Anm. d. Übers.)

Milch und Honig überfließt, und stellte falschen Liebhabern nach, weil sie die „Flitterwochen" mit Gott vergessen hatte.
In Zeiten einer spirituellen Krise folgt man am besten dem Rat des auferstandenen Herrn, den er seinen niedergeschlagenen Aposteln vor seiner Himmelfahrt gab: „Kehrt nach Galiläa zurück!" Kehrt zurück zu den frohen Tagen, die ihr in Gemeinschaft mit dem Herrn verbracht habt. Kehrt zurück – dann werdet ihr ihn wiederfinden. Und ihn wahrscheinlich neu entdecken, wie es auch die Apostel taten. Ihr müsst nicht auf Krisenzeiten warten, um diese Übung zu machen. Wenn wir sie oft genug machten, könnten wir vielleicht Krisenzeiten überhaupt vermeiden.

> Kehre in deiner Vorstellung zu einer Begebenheit zurück, bei der du Gottes Güte und Liebe erfahren hast … Verweile dabei und empfange noch einmal Gottes Liebe … Nun verlasse deine Vorstellungswelt wieder und sprich mit Gott.
>
> Oder kehre zu einem Ereignis zurück, bei dem du dich Gott sehr nahe fühltest oder tiefe geistige Freude und tiefen geistigen Trost erfahren hast …
>
> Es ist wichtig, dass du diese Begebenheit in deiner Vorstellung wieder *durchlebst* und dich nicht bloß daran erinnerst. Nimm dir genügend Zeit … Dieses neue Durchleben der Begebenheit wird in dir die Gefühle wecken, die du damals hattest:

Freude oder Vertrauen oder Liebe ... Pass auf, dass du vor diesen Gefühlen nicht wegläufst, sondern verweile bei ihnen, solange du kannst ... Verweile bei ihnen, bis du Frieden spürst. Dann kehre in die Gegenwart zurück ... Sprich mit dem Herrn eine Zeit lang und beende die Übung.

Es ist wichtig, dass du meine Anweisung, bei deinen positiven und angenehmen Gefühlen zu verweilen, befolgst; denn es ist merkwürdig, wie wenig die meisten Menschen ihre positiven Gefühle tolerieren. Sie haben ein tiefeingewurzeltes Gefühl der Wertlosigkeit und deshalb wenden sie sich instinktiv ab, wenn sie sich auch nur dem flüchtigsten positiven Gefühl ausgesetzt sehen. Oder wenn sie sich den positiven Gefühlen hingeben, fühlen sie sich schuldbewusst und ihrer nicht wert. Gib acht, dass diese Neigung nicht entsteht, sondern dass du die Gefühle, die in dir aufkamen, als du Gottes Nähe erfahren hast, voll durchlebst.
Einige Heilige haben ihre mystischen Erfahrungen zu Papier gebracht. Sie führten eine Art Tagebuch über ihr Leben mit Gott. Ich empfehle keine langen Ausführungen deiner spirituellen Erfahrungen, doch wenn deine Erfahrung machtvoll war, wird dir eine kurze Notiz helfen, später „nach Galiläa zurückzukehren“. Denn es ist leider so, dass wir unsere positiven Erfahrungen mit Gott, mit Freunden und der Familie zu leicht vergessen.

Übung 18 Die freudenreichen Geheimnisse unseres Lebens

Jeder von uns trägt in seinem Herzen ein Album herrlicher Bilder aus seiner Vergangenheit. Erinnerungen an frohe Ereignisse. Bitte öffne dieses Album einmal und erinnere dich an so viele Ereignisse wie möglich.

Wenn du diese Übung noch nie zuvor gemacht hast, wirst du wahrscheinlich nicht viele solcher Ereignisse finden. Doch allmählich wirst du immer mehr entdecken, die bisher in deiner Vergangenheit begraben lagen, und du wirst sie gern ausgraben und in der Gegenwart Gottes neu durchleben. Du wirst sogar erleben, wenn du neue beglückende Erfahrungen machst, dass du ihre Erinnerung nun viel mehr schätzt und sie nicht in die Vergessenheit sinken lassen willst: So trägst du in dir einen großen Schatz, in den du jederzeit eintauchen kannst, um deinem Leben mehr Freude und Kraft zu geben.

Ich stelle mir vor, Maria hat die kostbaren Erinnerungen an die Kindheit Christi in ähnlicher Weise bewahrt und sie später liebevoll nacherlebt.

> Kehre zu einem Lebensaugenblick zurück, in dem du dich tief geliebt wusstest ... Wie drückte sich diese Liebe zu dir aus? In Worten, Blicken, Gesten, in einer Hilfe, einem Brief? ... Verweile bei diesem Augenblick, solange du etwas von der Freude spürst, die dir diese Liebe gab.

Kehre zu einem Augenblick zurück, in dem du Freude empfunden hast ... Wie kam diese Freude zustande? Durch eine gute Nachricht, die Erfüllung eines Wunsches, den Anblick der Natur? ... Erlebe den Augenblick nach und spüre, was du damals gefühlt hast, von Neuem ... Verweile bei diesem Augenblick, solange du kannst ...

Dieses Nacherleben vergangener Augenblicke, in denen du Liebe und Freude erfahren hast, ist eine der wertvollsten Übungen für die Entwicklung deiner psychischen Gesundheit. Viele machen solche „Gipfel-Erfahrungen", wie ein Psychologe sie nennt. Es ist schade, dass aber nur wenige Menschen sich diesen Erfahrungen hingeben können, wenn sie sich ereignen. Deshalb haben sie nichts oder nur wenig von einer solchen Erfahrung. Es ist notwendig, dass sie in ihrer Fantasie zu dieser Erfahrung zurückkehren und sie so allmählich ganz ausschöpfen. Du wirst entdecken, dass du aus diesen Erfahrungen frische Kraft gewinnst, sooft du sie wiederbelebst. Diese Kraft scheint unerschöpflich zu sein. Aus ihr fließt eine immerwährende Freude.
Denke aber daran, dass du diese Augenblicke nicht sozusagen von außen beobachtest. Sie sollen nacherlebt werden, nicht beobachtet. Lebe sie neu durch, nimm von Neuem an ihnen teil. Deine Vorstellung davon soll so lebhaft sein, dass es dir scheint, als erführest du diesen Augenblick jetzt zum ersten Mal.

Sehr rasch wirst du den psychologischen Wert dieser Übung erfahren und neuen Respekt vor Vorstellungskraft und Fantasie als Quelle von Leben und Energie bekommen. Die Fantasie ist ein wirkungsvolles Instrument bei Therapie und Persönlichkeitsentfaltung. Wenn du in deiner Fantasie Ereignisse durchlebst, die wirklich einmal geschehen sind, dann hat deren innere Vorstellung dieselben angenehmen und unangenehmen Wirkungen, die auch die Wirklichkeit hatte. Wenn ich im trüben Licht der Abenddämmerung einen Freund auf mich zukommen sehe und ihn für einen Feind halte, dann werden meine psychologischen und physiologischen Reaktionen genauso sein, als käme tatsächlich ein Feind. Wenn ein durstiger Mann in der Wüste glaubt, Wasser zu sehen, wird die Wirkung auf ihn genau die Gleiche sein, als wenn er tatsächlich vorhandenes Wasser sähe. Wenn du zu Augenblicken zurückkehrst, an denen du Liebe und Freude empfandest, wirst du alle guten Wirkungen, die Liebe und Freude auslösen, neu erfahren und diese guten Wirkungen sind unermesslich.
Welche spirituelle Bedeutung hat eine solche Übung? Zunächst einmal bricht sie den Widerstand, den die meisten Menschen gegenüber Liebe und Freude empfinden. Sie erhöht ihre Fähigkeit, Liebe und Freude zu empfangen, folglich auch ihre Fähigkeit, Gott zu erfahren und ihre Herzen für seine Liebe und für die Glückseligkeit zu öffnen, welche die Erfahrung Gottes mit sich bringt. Wenn

jemand nicht für die Liebe seines Bruders empfänglich ist, den er sieht, wie kann er für die Liebe Gottes empfänglich sein, den er nicht sieht?

Zweitens: Diese Übung hilft allen, ihr eingefleischtes Gefühl, wertlos und unwürdig zu sein, und ihre Schuldgefühle zu überwinden, die ein wesentliches Hindernis sind, die wir zwischen uns und Gottes Gnade stellen. Wenn die Gnade Gottes in unser Herz eintritt, ist die hauptsächliche Wirkung, dass wir uns tief geliebt fühlen und tief liebenswert. Übungen dieser Art bereiten den Grund für diese Gnade, denn sie lehren uns, dass wir liebenswert sind.

Hier ist noch eine Möglichkeit, spirituellen Nutzen aus dieser Übung zu ziehen:

> Erlebe einen Augenblick nach, in dem du dich tief geliebt fühltest oder tiefe Freude empfandest …
>
> Erfahre die Gegenwart Gottes in diesem Augenblick … Wie teilt sie sich dir mit?

Das ist eine Möglichkeit, Gott in allen Ereignissen deines Lebens, in den vergangenen und gegenwärtigen, zu finden.

Übung 19 Die schmerzensreichen Geheimnisse unseres Lebens

Viele Menschen tragen in ihrem Herzen Wunden aus der Vergangenheit, die noch nicht verheilt sind. Vielleicht spüren sie die schwärenden Wunden im Laufe der Zeit nicht mehr. Doch die schädliche Wirkung der unverheilten Wunde bleibt bestehen.

Zum Beispiel fühlt sich ein Kind beim Tod der Mutter von Kummer überwältigt. Der Kummer ist vielleicht verdrängt worden und vergessen. Doch er beeinflusst weiterhin das Leben jenes Menschen, der nun erwachsen geworden ist. Möglicherweise fällt es ihm schwer, sich mit Menschen anzufreunden, weil er befürchtet, sie zu verlieren; es fällt ihm schwer, die Liebe, die andere ihm anbieten, anzunehmen; er verliert Interesse am Leben und an den Menschen, weil er emotional noch am Grab der Mutter steht und sie nicht gehen lassen will und von ihr eine Liebe fordert, die sie nicht mehr geben kann.

Oder ein Freund hat deine Gefühle tief verletzt. Diese Wunde bewirkt einen Groll, der lange in dir schwelt und die echte Liebe, die du für diesen Freund empfindest, in Mitleidenschaft zieht, sodass die Freundschaft erkaltet.

Oder irgendetwas hat dich als Kind sehr erschreckt; es bleiben eine unangenehme Erinnerung und die Neigung zur Furcht und Ängstlichkeit, wenn ähnliche Situationen entstehen.

Oder du trägst in dir ein Schuldgefühl, das du nicht loswerden kannst und das keinem sinnvollem Zweck dient.
Es ist hilfreich, zu den Ereignissen, die diese negativen Empfindungen in dir hervorgerufen haben, zurückzukehren, damit ihre schädliche Wirkung aufgehoben werden kann.

Kehre zu einem Augenblick zurück, an dem du Schmerz oder Kummer, Beleidigung, Furcht oder Bitterkeit empfunden hast ... Erlebe dieses Ereignis wieder neu ... Doch versuche diesmal, die Gegenwart des Herrn darin zu entdecken ... Auf welche Weise ist er darin gegenwärtig? ...

Oder stelle dir vor, dass der Herr selbst an dem Geschehen teilnimmt. Welche Rolle spielt er? ... Sprich ihn an. Frage ihn, welche Bedeutung das ganze Geschehen hat. Hör zu, was er dir antwortet ...

Es ist nützlich, in der Fantasie immer wieder zu diesem Ereignis zurückzukehren, bis du nicht mehr von den negativen Gefühlen, die von ihm hervorgerufen wurden, beeinflusst bist; bis du dich mit etwas, das dir Kummer bereitet, abgefunden hast; bis du einem Menschen, der dir Schmerz zugefügt hat, verzeihen kannst; bis du etwas ruhig erleben kannst, was dir bisher Furcht einflößte. Bis es dir möglich ist, das Ereignis in Frieden nachzuerleben, vielleicht sogar mit Gefühlen der Freude und Dankbarkeit.

Wenn du diese Ereignisse nacherlebst, wirst du wahrscheinlich zu verstehen beginnen, dass der Herr selbst seine Hand dabei im Spiel hatte. Möglicherweise wenden sich dann deine Gefühle des Ressentiments, Ärgers oder der Bitterkeit gegen Gott. Dann solltest du diesen Gefühlen ins Gesicht sehen und sie dem Herrn gegenüber ohne Furcht ausdrücken.

Der Herr weiß, was in deinem Herzen vor sich geht, und es ist unnütz, etwas zu verbergen. Im Gegenteil, wenn du deine Gefühle ehrlich ausdrückst – selbst wenn du harte und bittere Worte gebrauchen musst –, wird das die Atmosphäre reinigen und dich dem Herrn näherbringen. Es ist wunderbar, dass du dem Herrn so sehr vertrauen kannst. Seine Liebe zu dir ist so unbedingt, dass du ihm auch einmal harte Worte geben kannst! Es ist bemerkenswert, dass Ijob sehr hart gegen den Herrn sprach. Seine Gefährten waren schockiert und schalten ihn, er solle sich selbst die Schuld geben und nicht hart gegen Gott sprechen. Doch als Gott schließlich erschien, entschuldigte er Ijob und gab seiner Unzufriedenheit mit Jjobs wohlmeinenden, doch unaufrichtigen Freunden Ausdruck.

Übung 20 Befreiung von Ressentiments

Wer anderen das Unrecht, das sie ihm angetan haben, nicht verzeihen kann, der bewahrt in sich ein Gift, das seiner körperlichen, emotionalen und spirituellen Gesundheit schwer schaden kann. Oft hört man Leute sagen: „Ich kann vergeben, doch nicht vergessen“ oder: „Ich möchte vergeben, doch ich kann nicht.“ Was sie eigentlich meinen, ist, dass sie nicht vergeben wollen. Sie möchten an der Befriedigung festhalten, die ihnen ihr Ressentiment verschafft. Sie möchten es einfach nicht loswerden. Sie verlangen, dass der andere seine Schuld einsehe, dass er sich entschuldige, dass er sich bessere, dass er bestraft werde – nur dann wollen sie ihr Ressentiment aufgeben und sich von dem Gift befreien, das sich in sie hineinfrisst.

Oder sie haben das echte Verlangen, ihr Ressentiment loszuwerden, doch es schwelt weiterhin in ihnen, weil sie keine Gelegenheit hatten, ihm Ausdruck zu geben und es so aus ihrem „System“ auszustoßen. Oft ersetzt dieses echte Verlangen nicht die Notwendigkeit, den ganzen Ärger und das Ressentiment zumindest in der Fantasie regelrecht „auszuspeien“. Ich muss nicht betonen, dass wir in der Meditation nur Fortschritte machen können, wenn unser Herz ganz frei von Ressentiments ist. Hier ist eine einfache Methode, wie du dich von ihnen befreien kannst:

Stelle dir vor, die Person, gegen die du Ressentiments hegst, steht vor dir. Lass sie deine Ressentiments wissen, schütte deinen ganzen Ärger über sie aus, so kräftig, wie du kannst. Nimm kein Blatt vor den Mund. Du kannst sogar deinen Groll durch einen körperlichen Gewaltakt ausdrücken, indem du etwa mit der Faust auf eine Matratze oder ein Kissen schlägst. Häufig sammeln sich im Menschen Ressentiments an, weil sie Angst haben, stark zu sein. Die Festigkeit, die sie gegenüber anderen Menschen zeigen sollten, richten sie deshalb gegen sich selbst. Vergebung und Milde sind keine Tugenden, wenn man sie aus Furcht, für die Wahrheit einzustehen, übt; dann sind sie nur ein Deckmantel für Feigheit.

Nachdem du dein ganzes Ressentiment ausgeschüttet hast – aber wirklich erst *danach* –, betrachte die Situation aus der Perspektive des anderen Menschen, der das Ressentiment verursacht hat. Nimm seinen Platz ein und erkläre die ganze Sache: Wie sieht sie in seinen Augen aus? Bedenke auch, dass sehr selten jemand aus Bosheit einen anderen kränkt, angreift oder beleidigt. Selbst wenn er den anderen mit Absicht beleidigt, liegt der Grund meist in einem tiefsitzenden Unglücksgefühl dieses Menschen. Wirklich glückliche Menschen sind nicht bösartig. Außerdem bist du in den allermeisten Fällen nicht persönlich die Zielscheibe der Angriffe. Der Angreifer sucht etwas anderes (oder jemand anderen) in dir, was er auf dich projiziert hat.

Vielleicht bringen dich diese Überlegungen dazu, für den anderen eher Mitleid als Ärger und Ressentiment zu fühlen.

Wenn alle diese Bemühungen nicht fruchten, dann bist du wahrscheinlich einer jener Menschen, die unbewusst, doch aktiv, gekränkte Gefühle und Ressentiments ansammeln. Es ist unglaublich, aber wahr, dass diese Menschen Situationen schaffen, in denen sie gekränkt oder beleidigt werden, und wenn sie bekommen haben, was sie wollten, dann glauben sie, ein Recht auf ihre Ressentiments zu haben. Du kannst eine solche Neigung überwinden, wenn deine Erwartungen von anderen Menschen neutral bleiben. Das heißt: Bleibe bei deinen Erwartungen, drücke sie gegenüber dem anderen Menschen sogar aus – doch lass ihm alle Freiheit; mache dir klar, dass er in keiner Weise gezwungen ist, deinen Erwartungen zu entsprechen. Das bewahrt dich davor, Ressentiments zu bekommen, wenn andere deinen Erwartungen nicht entsprechen. Viele Menschen sind von vornherein auf ihre Umwelt böse und verkehren mit Menschen nur in der stillschweigenden Annahme: „Wenn du mich wirklich liebtest, würdest du … (mich nicht kritisieren; freundlich mit mir sprechen; dich an meinen Geburtstag erinnern; mir den Gefallen tun, um den ich dich gebeten habe usw. usw. …)." Ihnen fällt es sehr schwer einzusehen, dass alle diese Erwartungen nichts mit der echten Liebe, die der andere für sie empfindet, zu tun haben.

Die Frage ist: Willst du deine Ressentiments wirklich ablegen und dein Leben glücklicher machen und die menschliche Beziehung fruchtbar weiterführen?

Oder willst du dich weiterhin an deine Ressentiments klammern und dich dann beklagen, sie nicht loswerden zu können? Wenn du sie wirklich ablegen willst, dann mache zur Stärkung deiner Entscheidung diese Übung:

Stelle dir Jesus Christus am Kreuz vor. Nimm dir Zeit, damit du ihn in jeder Einzelheit vor dir siehst ...

Stelle dir nun die Situation deines Ressentiments vor ... Verweile dabei ein wenig ...

Kehre zum gekreuzigten Jesus zurück und schaue ihn wieder an ...

Wechsle zwischen der Situation deines Ressentiments und dem gekreuzigten Jesus hin und her ..., bis du spürst, wie dein Ressentiment davongleitet. Empfinde nun die Freiheit, die Freude und Erleichterung, die du gewonnen hast.

Sei nicht erstaunt, wenn die gekränkten Gefühle nach einiger Zeit zurückkehren. Übe geduldig. Es ist ein großes Opfer, seine negativen Gefühle aufzugeben und glücklich zu werden; die meisten Menschen können das Opfer nicht auf einmal bringen.

Übung 21 Der leere Stuhl

Diese Übung habe ich mir zurechtgelegt, nachdem ich die Geschichte eines Priesters hörte, der einen Kranken in seiner Wohnung besuchte. Der Priester bemerkte einen leeren Stuhl an der Seite des Betts und fragte, warum er dort stünde. Der Kranke antwortete: „Ich hatte Jesus eingeladen, auf diesem Stuhl Platz zu nehmen, und sprach mit ihm, bevor

Sie kamen. Jahrelang fiel es mir schwer zu beten, bis mir ein Freund erklärte, dass Gebet ein Gespräch mit Jesus sei. Er riet mir, einen leeren Stuhl neben mich zu stellen und mir vorzustellen, Jesus säße darauf. Ich solle mit Jesus sprechen und seinen Worten zuhören. Seitdem habe ich keine Schwierigkeiten mehr beim Gebet."
Einige Tage später – so geht die Geschichte weiter – kam die Tochter des Kranken zum Priester und gab ihm die Nachricht, dass ihr Vater gestorben sei. Sie sagte: „Ich ließ ihn ein paar Stunden lang allein. Er schien so friedlich zu sein. Als ich ins Zimmer zurückkehrte, war er tot. Etwas Eigentümliches habe ich jedoch bemerkt: Sein Kopf lag nicht auf dem Bett, sondern auf dem Stuhl neben seinem Bett."
Versuche diese Übung nun selbst, obwohl sie dir zunächst vielleicht kindisch vorkommt:

> Stelle dir vor, Jesus sitzt neben dir. Deine Einbildungskraft steht nun im Dienst deines Glaubens: Jesus ist zwar nicht da, wie du ihn dir vorstellst, doch ist er anwesend und deine Vorstellungskraft hilft dir, dir dessen bewusst zu werden.
>
> Sprich mit Jesus ... Wenn niemand im Zimmer ist, sprich mit leiser Stimme ...
>
> Höre zu, was Jesus dir antwortet oder welche Antwort du dir vorstellst ...

Wenn du nicht recht weißt, was du Jesus sagen sollst, dann erzähle ihm, was dir gestern alles pas-

siert ist, und erläutere es. Denken und Beten sind verschiedene Dinge. Wenn wir denken, sprechen wir im Allgemeinen mit uns selbst. Wenn wir beten, sprechen wir mit Gott. Du brauchst dir nicht die Einzelheiten von Jesu Gesichtszügen, seiner Kleidung und so weiter vorzustellen. Das könnte höchstens zur Zerstreuung führen. Die heilige Teresa von Avila, die häufig auf diese Weise gebetet hat, bekannte, dass sie sich nie das Gesicht Jesu vorstellen konnte. Sie empfand nur seine Nähe, so wie du die Nähe eines Menschen spürst, der bei dir in einem dunklen Zimmer ist.
Diese Methode führt sehr rasch zu der Erfahrung von Christi Gegenwart. Stelle dir vor, dass Jesus den ganzen Tag hindurch an deiner Seite ist. Sprich häufig mit ihm inmitten deiner Beschäftigungen. Manchmal wirst du nur Zeit für einen Blick auf ihn haben, für eine wortlose Kommunikation. Die heilige Teresa, die diese Methode des Gebets besonders empfohlen hat, verspricht, dass sie sehr rasch zur Erfahrung der innigen Einheit mit dem Herrn führt. Manchmal fragen mich Leute, wie sie dem auferstandenen Herrn in ihrem Leben begegnen können. Ich kenne keine bessere Methode als diese.

Übung 22 Ignatianische Meditation

Diese Gebetsweise wird von dem heiligen Ignatius von Loyola in seinen Exerzitien empfohlen und wurde von vielen Heiligen angewandt. Man sucht sich eine Szene aus dem Leben Christi aus und erlebt sie nach, nimmt an ihr teil, als spiele sich die Szene in diesem Augenblick ab und als sei man selbst in ihr anwesend. Du verstehst die Übung am besten, wenn du sie selbst machst. Ich wähle für mein Beispiel eine Szene aus dem Johannesevangelium:

„Einige Zeit später war ein Fest der Juden und Jesus ging hinauf nach Jerusalem. In Jerusalem gibt es beim Schaftor einen Teich, zu dem fünf Säulenhallen gehören; dieser Teich heißt auf Hebräisch Betesda. In diesen Hallen lagen viele Kranke, darunter Blinde, Lahme und Verkrüppelte, die auf die Bewegung des Wassers warteten.

Ein Engel des Herrn stieg nämlich zu bestimmter Zeit in den Teich hinab und brachte das Wasser zum Aufwallen. Wer dann als Erster hineinstieg, wurde gesund, an welcher Krankheit er auch litt.

Dort lag auch ein Mann, der schon achtunddreißig Jahre krank war. Als Jesus ihn dort liegen sah und erkannte, dass er schon lange krank war, fragte er ihn: Willst du gesund werden? Der Kranke antwortete ihm: Herr, ich habe keinen Menschen, der mich, sobald das Wasser aufwallt, in den Teich trägt. Während ich mich hinschleppe, steigt schon ein anderer vor mir hinein.

Da sagte Jesus zu ihm: Steh auf, nimm deine Bahre und geh! Sofort wurde der Mann gesund, nahm seine Bahre und ging" (Joh 5,1–9).

Komme zunächst zur Ruhe; als Vorbereitung auf die Meditation mache eine Wahrnehmungsübung …

Stelle dir nun den Teich, der Betesda heißt, vor … die fünf Säulenhallen – die Umgebung … Lass dir Zeit, damit du dir die ganze Szene so lebhaft wie möglich vorstellen kannst. „Richte dich zu angesichts des Schauplatzes" … Wie sieht der Schauplatz aus? Sauber oder schmutzig? Groß oder klein? Erkenne die Architektur. Stelle fest, was für Wetter wir haben …

Nachdem du nun sozusagen die innere „Bühne" vorbereitet hast, kannst du nun die ganze Szene lebendig werden lassen: Erkenne die Menschen in der Nähe des Teiches … Wie viele Menschen gibt es dort? Was für Menschen? Wie sind sie gekleidet? Was tun sie? An welchen Krankheiten leiden sie? Was sagen sie? …

Es genügt nicht, dass du die ganze Szene von außen beobachtest, als wäre es ein Film auf der Leinwand. Du musst am Geschehen teilnehmen … Was tust du selbst dort? Warum bist du zu diesem Ort gekommen? … Welche Gefühle hast du beim Anblick der Szene und dieser Menschen? … Was tust du; sprichst du mit jemandem? Mit wem? …

Erkenne nun den Kranken, von dem das Bibelzitat spricht. Wo hält er sich auf in der Menge? Wie ist er gekleidet? Ist jemand bei ihm? … Geh zu ihm hin und unterhalte dich mit ihm … Was erzählst du ihm oder was fragst du ihn? Welche Antworten gibt er? … Damit verbringe einige Zeit, damit du so viele Einzelheiten seines Lebens und seiner Person wie möglich erfährst. Welchen Eindruck macht er auf dich? Welche Gefühle hast du, während du mit ihm sprichst? …

Während du dich so mit ihm unterhältst, bemerkst du aus dem Augenwinkel, dass Jesus den Ort betreten hat. Beobachte alle seine Handlungen und Bewegungen. Wohin geht er? Wie handelt er? Welche Gefühle mag er wohl haben? …

Jetzt kommt Jesus auf dich und den Kranken zu … Was fühlst du? Du trittst beiseite, als du bemerkst, dass Jesus mit dem Kranken sprechen möchte. Was sagt Jesus zu dem Mann? Welche Antwort gibt jener? Verfolge den gesamten Dialog – fülle den skizzenhaften Bericht des Evangeliums aus …

Verweile vor allem bei Jesu Frage: „Willst du gesund werden?“ … Dann höre Jesu Befehl: „Steh auf und geh!“ … Die erste Reaktion des Mannes, sein Versuch aufzustehen, das Wunder! Bemerke, wie der Mann reagiert, bemerke, wie Jesus reagiert und wie du reagierst …

Jesus wendet sich nun dir zu ... Er unterhält sich mit dir. Sprich mit ihm über das Wunder, das gerade geschehen ist ...

Hast du ein körperliches, emotionales oder spirituelles Leiden? Sprich darüber mit Jesus. Was hat er dazu zu sagen? Höre seinen Worten zu: „Willst du gesund werden?" Möchtest du allen Ernstes geheilt werden? Bist du bereit, alle Konsequenzen einer Heilung auf dich zu nehmen? ... Ein Augenblick der Gnade ist gekommen. Glaubst du fest, dass Jesus dich heilen kann und dass er dich heilen will? Hast du so viel Vertrauen, dass du von der Möglichkeit einer Heilung – als Folge der Glaubenskraft aller hier Versammelten – überzeugt bist? ... Höre dann seine machtvollen Worte, mit denen er die Heilung über dich ausspricht oder während er dir die Hände auflegt ... Was fühlst du? Bist du dir sicher, dass die Worte, die du gerade gehört hast, eine Wirkung auf dich haben werden, dass sie schon in diesem Augenblick eine Wirkung haben, auch wenn du sie noch nicht erkannt hast? ...

Verweile eine Zeit lang in stillem Gebet in Jesu Gesellschaft ...

Sei nicht entmutigt, wenn der erste Versuch, Meditation auf diese Weise zu üben, fehlschlägt oder dich nicht in dem Maße befriedigt, wie du erwartet hättest. Bei den nächsten Versuchen wirst du wahrscheinlich mehr Erfolg haben. Wenn ich diese Übung in einer Gruppe mache, bitte ich zum Schluss alle Teilnehmer, uns zu berichten, was sie erlebt haben. Manchmal legen wir dem einen oder anderen sogar die Hände auf und beten über ihn im Namen Jesu.

Diese Übung bringt für einige Menschen theoretische Schwierigkeiten mit sich. Es fällt ihnen schwer, sich in eine Situation zu versetzen, von der sie wissen, dass sie ganz und gar unwirklich ist. Die Bibelszene, die ich gewählt habe, oder die Weihnachtsgeschichte finden sie besonders schwierig. Sie erkennen nicht den tiefen symbolischen (und das heißt nicht „unwirklichen") Wert dieser Meditation. Sie sind so in die Wahrheit der Geschichte verliebt, dass ihnen die Wahrheit des Mysteriums nicht aufgeht. Für sie ist Wahrheit nur historisch, nicht mystisch.

Als Franz von Assisi Jesus liebevoll vom Kreuz abnahm, wusste er gewiss, dass Jesus nicht in diesem Augenblick gestorben war, nicht mehr am Kreuz hing und dass die Kreuzigung eine Tatsache der Geschichte ist. Als Antonius von Padua das Jesuskind in seinen Armen hielt und sich an seiner Anwesenheit ergötzte, war er sich sicherlich bewusst – er, der große Theologe der Kirche –, dass Jesus kein Kleinkind mehr ist, das man in den Armen halten kann. Und dennoch haben diese beiden großen Heiligen und viele andere diese Meditationsweise geübt und in ihrem Wesensgrunde, „unterhalb" der Bilder und Vorstellungen, ereignete sich dabei etwas Tiefes und Geheimnisvolles und sie vereinigten sich innig mit Gott in Christus.

Teresa von Avila sagte, sie meditiere am liebsten über Christus, wie er die Qualen am Ölberg erfährt. Und Ignatius von Loyola bittet seine Exerzitanten, sich voll Liebe zu einem kleinen Diener zu machen und Maria und Josef auf ihrer Reise nach Betlehem zu begleiten, ihnen zu dienen und mit ihnen zu sprechen und auf diese Weise spirituell zu wachsen. Ihn interessierte nicht geografische Genauigkeit, obwohl er selbst die heiligen Stätten besucht hat und Betlehem und Nazaret genau hätte beschreiben können; er bittet seine Exerzitanten, ihr eigenes Betlehem und ihr eigenes Nazaret zu erfinden und die Höhle, worin Christus geboren wurde. Historische Genauigkeit, wie wir sie heute verstehen, interessierte ihn nicht. Formkritik und die Resultate moderner Bibelforschung hätten ihn gewiss nicht von dieser Weise der Meditation abgebracht.

Diese Meditation ist nur fruchtbar aus der Haltung des Glaubens heraus. Der heiligmäßige Hindu-Mystiker, Sri Ramakrishna, und sein Schüler, Swami Vivekananda, haben häufig eine Geschichte erzählt, die einen solchen Glauben wunderbar deutlich macht. Die Geschichte handelt von einem armen Dorfjungen, der die Schule in einem Nachbardorf besuchen musste. Er musste nun frühmorgens das Haus verlassen, wenn es noch dunkel war, und in der Abenddämmerung zurückkehren. Außerdem musste er durch einen tiefen Wald gehen. Er fürchtete sich, allein zu gehen, und bat seine verwitwete

Mutter, ihm einen Diener mitzugeben. Seine Mutter sagte: „Mein Kind, wir sind zu arm, um uns einen Diener zu leisten. Bitte deinen Bruder Krishna[3], dich auf dem Schulweg zu begleiten. Er ist der Herr des Waldes. Sicherlich wird er mit dir kommen, wenn du ihn darum bittest."

Unser kleiner Junge tat genau, was ihm die Mutter geraten hatte. Am nächsten Morgen rief er seinen Bruder Krishna, und als Krishna erschien und hörte, was der Junge von ihm wollte, begleitete er ihn. Eine Zeit lang ging alles gut.

Dann kam der Geburtstag des Dorfschullehrers, und alle Kinder mussten Geschenke mitbringen. Die Witwe sagte zu ihrem Sohn: „Wir sind zu arm, wir können uns kein Geschenk für den Lehrer leisten. Bitte deinen Bruder Krishna, dir ein Geschenk für ihn zu geben." Und Krishna gab dem Jungen ein Geschenk, nämlich einen Topf Milch, den der Junge stolz zu Füßen des Dorflehrers abstellte, neben den vielen anderen Geschenken, die andere Schüler gebracht hatten. Der Lehrer achtete nicht auf den Topf Milch, bis das Kind sich zu beklagen begann, wie es die Art von Kindern ist: „Niemand beachtet mein Geschenk. Niemandem scheint es zu gefallen ..." Der Lehrer sagte zu seinem Diener: „Um Gottes willen, gieße die Milch in eine Schüssel und gib dem Jungen den Topf zurück, sonst haben wir keine Ruhe!"

---

[3] Name eines indischen Gottes, Inkarnation von Vishnu (Anm. d. Übers.).

Der Diener goss die Milch in eine Schüssel und wollte den Topf zurückgeben, da bemerkte er erstaunt, dass der Topf wieder voll Milch war. Noch einmal goss er die Milch aus. Und wieder war der Topf voll bis zum Rand. Als der Lehrer verständigt wurde, rief er den Jungen herbei und fragte, von wem er den Topf Milch bekommen habe. „Bruder Krishna hat ihn mir gegeben", war die Antwort. „Bruder Krishna? Wer ist das?" – „Er ist der Herr des Waldes", sagte der kleine Junge feierlich. „Er begleitet mich jeden Tag auf meinem Schulweg." – „Na", sagte der Lehrer, offensichtlich schenkte er dem Jungen keinen Glauben. „Können wir diesen Krishna einmal sehen? Führe uns zu ihm."

Also kehrte der Junge zum Wald zurück, eine kleine Gruppe anführend, den Schulmeister, den Diener und seine Mitschüler. Er freute sich darauf, jedem seinen wunderbaren Bruder Krishna vorzustellen. Als sie an den Waldrand kamen, wo er Krishna jeden Tag traf, rief er ihn, voll Vertrauen, dass er wie immer erscheinen werde. Aber er gab keine Antwort. Er rief noch einmal. Und wieder. Dann lauter, noch lauter. Immer noch keine Antwort. Die Mitschüler gossen ihren Spott über den Jungen aus. Er begann zu weinen. Was war geschehen?

„Bruder Krishna", rief er durch seine Tränen, „komm doch bitte. Wenn du nicht kommst, werden sie mich einen Lügner nennen. Sie werden mir nicht glauben." Da hörte er deutlich Krishnas Stimme: „Mein Sohn, ich kann nicht kommen. Erst wenn der Schulmeister deine Herzensreinheit und deinen einfachen, kindlichen Glauben besitzt, kann ich mich auch ihm zeigen."

Als ich diese Geschichte hörte, wurde ich sogleich an den auferstandenen Herrn erinnert. Er erschien nur denen, die an ihn glaubten. Er konnte nur von jenen gesehen werden, die ihm Glauben schenkten. Er sagte: „Glaube und du wirst sehen." Wir entgegnen: „Welchen Beweis habe ich, dass mein Glaube mir die Vision nicht einsuggeriert?" Das ist für Jesus eine irrelevante Frage. Er ist nicht an „Beweisen" interessiert. Glaube und du wirst wissen. Das ist, als sagte man zu jemandem: Liebe mich, dann wirst du meine Schönheit erkennen.

In diesem Geiste müssen wir die Ignatianische Meditation üben. Wenn wir uns nur einmal mutig in sie hineinversetzen, werden wir merken, dass uns der einfache, kindliche Gebrauch unserer Fantasie eine Wahrheit eröffnet, die jede Vorstellung übersteigt – das ist die Wahrheit des Geheimnisses, die Wahrheit der Mystiker.

Übung 23 Symbolkraft der Fantasie

In gewisser Weise ist jede Meditation, die mit Hilfe der Fantasie geübt wird, symbolisch. Doch die Ignatianische Meditation beruht auf geschichtlicher Grundlage – im Gegensatz zu den Übungen, die ich jetzt anbiete:

Stell dir vor, du sitzt auf einem Berggipfel, von dem man Ausblick auf eine große Stadt hat. Es ist Dämmerung, gerade ist die Sonne untergegangen. Du bemerkst, wie die Lichter in der großen Stadt angehen. Beobachte, wie die Lichter nach und nach aufleuchten, bis die Stadt ein Lichtermeer ist. Du sitzt da oben ganz allein und betrachtest dieses schöne Schauspiel. Was empfindest du? …

Nach einer Weile hörst du Schritte hinter dir. Du weißt, es sind die Schritte eines heiligen Einsiedlers, der in diesem Gebirge lebt. Er bleibt neben dir stehen, blickt dich milde an und spricht nur einen Satz zu dir: „Wenn du diese Nacht in die Stadt gehst, wirst du Gott finden." Dann dreht er sich um und geht weg. Keine Erklärungen. Keine Zeit für Fragen.

Du bist überzeugt, dass dieser Mann weiß, wovon er spricht. Was empfindest du jetzt? Möchtest du seinem Rat folgen und in die Stadt gehen? Oder willst du lieber hier bleiben?

Wie immer du auch empfindest, ich bitte dich jedenfalls, in die Stadt hinunterzugehen und Gott zu suchen … Was empfindest du, während du hinuntergehst? …

Du hast nun den Rand der Stadt erreicht und du musst dich entscheiden, wo du Gott suchen willst. Folge der Neigung deines Herzens, wenn du den Ort auswählst. Lass dich nicht von dem

Gedanken, was du tun „solltest" und wohin du gehen „solltest", leiten. Gehe dorthin, wohin dich dein Herz zieht …

Was geschieht, wenn du an diesem Ort ankommst? Was findest du dort vor? Was tust du dort? Was geschieht mit dir? Findest du Gott? Wie? Oder wirst du enttäuscht? Was machst du dann? Gehst du anderswohin? Zu welchem Ort? Oder bleibst du, wo du gerade bist? …

Nun stelle dir ein anderes Bild vor. Ob du nun eben Gott „gefunden" hast oder nicht, ich möchte, dass du ein Symbol für Gott wählst: irgendetwas, das für dich Gott am besten symbolisiert – das Gesicht eines Kindes, einen Stern, eine Blume, einen stillen See … Welches Symbol wählst du? Wähle mit Bedacht …

Stehe nun ehrfürchtig vor diesem Symbol … Was empfindest du, während du daraufblickst? Sprich es an …

Stelle dir vor, es gibt dir Antwort. Was sagt es? …

Werde nun selbst dieses Symbol und dann sieh, wie du da draußen stehst und ehrfürchtig blickst … Was empfindest du? …

Nun wechsle die Perspektive wieder und stelle dir vor, dass du vor dem Symbol stehst … Verweile in schweigender Meditation … Dann verabschiede dich von deinem Symbol. Lass dir dabei eine oder zwei Minuten Zeit, dann öffne die Augen und beende die Übung.

Am Ende dieser Übung bitte ich im Allgemeinen die Gruppenmitglieder, uns mitzuteilen, was sie erfahren haben. Häufig machen sie überraschende Entdeckungen über sich selbst, über Gott und über ihr Verhältnis zu Gott.

Hier eine andere symbolische Vorstellungsübung:

Ein Bildhauer hat den Auftrag bekommen, von dir eine Skulptur zu machen. Sie ist fertig und du gehst zu dem Bildhauer, um die Skulptur anzuschauen, bevor sie öffentlich gezeigt wird. Er gibt dir den Schlüssel zu dem Raum, worin sie abgestellt ist, damit du sie in Ruhe allein betrachten kannst.

Du öffnest die Tür. Der Raum ist dunkel. In der Mitte des Raums ist deine Skulptur, mit einem Tuch bedeckt … Du nimmst das Tuch ab …

Dann trittst du zurück und betrachtest deine Skulptur. Was ist dein erster Eindruck? … Bist du zufrieden oder unzufrieden? Bemerke alle Einzelheiten an deiner Skulptur. Wie groß sie ist, aus welchem Material sie gemacht ist. Geh rundherum, betrachte sie von verschiedenen Blickwinkeln. Betrachte sie von Weitem, tritt dann näher heran und sieh dir die Einzelheiten an. Berühre die Skulptur. Stelle fest, ob die Oberfläche rau oder glatt ist, sich kalt oder warm anfühlt. Welche Teile der Skulptur gefallen dir, welche gefallen dir nicht? …

Sprich deine Skulptur an … Welche Antwort gibt sie? Und was antwortest du darauf? … Sprich weiter, solange ihr etwas zu sagen habt …

Werde nun selbst die Skulptur … Was empfindest du dabei, deine eigene Skulptur zu sein? Welche Art von Existenz hast du als Skulptur? …

Stelle dir vor, während du nun also deine eigene Statue bist, betritt Jesus das Zimmer … Wie blickt er dich an? Was empfindest du, während er dich anblickt? Was sagt er dir? Welche Antwort gibst du? Setze das Gespräch fort, solange Jesus oder du etwas zu sagen haben …

Nach einer Weile geht Jesus wieder … Kehre nun zu dir selbst zurück und blicke wieder auf die Skulptur … Hat sie sich verwandelt? Hast du dich, haben sich deine Gefühle verändert? …

Sage nun deiner Skulptur Lebewohl. Nimm dir eine oder zwei Minuten dabei Zeit und öffne dann die Augen.

Vorstellungen und Träume sind nützlich, weil sie dir viel über dich selbst mitteilen; denn du projizierst dein wahres Wesen in deine Vorstellungen. Wenn du deine Fantasiebilder einem anderen Menschen oder einer Gruppe mitteilst, gibst du

wahrscheinlich intimere Dinge über dich preis, als wenn du bisher wohlgehütete Geheimnisse über dich aussprechen würdest.
Fantasiebilder vermitteln dir nicht nur Einblicke in dein eigenes Wesen. Auf geheimnisvolle Weise verwandeln sie dich auch. Du wirst manchmal eine Fantasieübung beenden mit dem Gefühl, dass du verändert bist, ohne recht zu wissen, wie oder warum diese Änderung stattgefunden hat. Wahrscheinlich wirst du am Schluss der beiden letzten Fantasieübungen feststellen, dass sich dein Verhältnis zu Gott vertieft hat, obwohl du nicht erklären kannst, warum.
Mache diese Übungen nicht nur einmal. Erst wenn du sie immer wieder übst, wirst du von ihnen voll profitieren.
Lass dann deiner Kreativität freien Lauf und erfinde deine eigenen symbolischen Fantasien.

Übung 24 Heilung schmerzlicher Erinnerungen

Dies ist eine Variante zur Übung 19.

Erinnere dich an ein unangenehmes (wenn auch vielleicht unwichtiges) Ereignis, das vor nicht langer Zeit geschehen ist. Erlebe dieses Ereignis nach.

Begib dich nun in die Gegenwart des gekreuzigten Christus. Sprich nicht ... Schaue nur und verweile in Meditation ... Wenn du mit Christus in Beziehung treten willst, tue es wortlos ...

Wechsle zwischen dem unangenehmen Ereignis und der Vorstellung von Jesus am Kreuz ein paar Minuten lang hin und her ... Beende dann die Übung.

Übung 25 Der Wert des Lebens

Stelle dir vor, du besuchst den Arzt, um das Ergebnis von Untersuchungen zu bekommen, die er an dir vorgenommen hat. Die Untersuchungen könnten eine ernsthafte Krankheit feststellen. Bemerke, was du auf dem Weg zum Arzt empfindest ...

Du sitzt jetzt im Wartezimmer. Merke dir alle Einzelheiten des Raums, die Farbe der Wände, die Bilder daran, die Möbel, die Zeitungen und Illustrierten auf dem Tisch. Wartet sonst noch jemand auf den Arzt? ... Wenn ja, dann betrachte diesen Menschen oder diese Menschen genau: ihre Gesichtszüge, ihre Kleidung. Was empfindest du, während du auf den Arzt wartest? ...

Jetzt wirst du gerufen ... Blicke dich im Sprechzimmer des Arztes genau um ... Bemerke alle Einzelheiten darin. Welche Möbel stehen im Raum? Ist er hell oder dunkel? ... Betrachte den Arzt genau, seine Gesichtszüge, seine Kleidung. Was für ein Mensch ist er? ...

Er fängt an, mit dir zu sprechen, und dir wird klar, dass er etwas vor dir verheimlicht. Du bittest ihn, offen zu sprechen. Dann sagt er dir, mit tiefem Mitleid in den Augen, dass du eine unheilbare Krankheit hast … Du fragst ihn, wie lange du noch leben wirst. Er sagt: „Noch höchstens zwei Monate bleiben Sie kräftig und gesund, dann werden Sie noch einen oder zwei Monate bettlägerig sein."

Wie reagierst du auf diese Nachricht? Was empfindest du? … Bleibe eine Weile bei diesen Gefühlen … Verlasse dann das Sprechzimmer des Arztes und geh auf die Straße. Bleibe weiterhin bei deinen Gefühlen … Blicke auf die Straße: Ist sie sehr belebt oder leer? Bemerke, welches Wetter wir haben: Ist der Himmel klar oder bewölkt? …

Wohin gehst du? Möchtest du mit jemandem sprechen? Mit wem? …

Dann kehrst du zu deiner Kommunität zurück. (Ich setze hier voraus, dass du ein Ordenspriester oder eine Ordensfrau bist. Laien können die Übung leicht ihrer Situation anpassen.) Was sagst du zu deinem Ordensoberen? Willst du die anderen Mitglieder der Kommunität von deiner unheilbaren Krankheit benachrichtigen? …

Dein Ordensoberer fragt dich, was du in den nächsten zwei Monaten tun willst. Er scheint bereit zu sein, dir vollkommene Freiheit zu geben. Was willst du während dieser zwei Monate tun? …

Du isst mit der Kommunität zu Abend … Nun unterhältst du dich mit den Mitbrüdern. Wissen sie Bescheid? Was empfindest du in ihrer Gesellschaft? …

Gehe dann in dein Zimmer und schreibe einen Brief an deinen Provinzial. Erkläre ihm deine Lage; bitte ihn, dich von deiner Arbeit zu entbinden. Was schreibst du in dem Brief? Formuliere ihn in deinen Gedanken …

Es ist spät nachts. Alle sind zu Bett gegangen. Du betrittst heimlich die Kapelle, in der es vollkommen dunkel ist, nur das ewige Licht leuchtet sanft. Du setzt dich hin und blickst auf den Tabernakel … Schau Jesus eine Weile an … Was sagst du ihm? Was fühlst du? …

Die Wirkungen dieser Übung sind so vielfältig, dass ich sie hier nicht alle aufzählen kann. Die meisten Menschen möchten immer wieder zu ihr zurückkehren und profitieren immer wieder von ihr.
Die meisten Menschen lernen bei dieser Übung vor allem, das Leben auf intensivere Weise zu schätzen und zu lieben. Sie tauchen noch tiefer in den Lebensstrom ein, erfreuen sich am Leben, leben es bewusster und voller. Viele stellen erstaunt fest, dass sie den Tod nicht so sehr fürchten, wie sie geglaubt hatten.

Allzu häufig geschieht es, dass wir eine Sache erst dann schätzen lernen, nachdem wir sie verloren haben. Niemand weiß das Sehvermögen mehr zu schätzen als ein Blinder. Niemand schätzt Gesundheit so hoch wie ein Kranker. Doch warum müssen wir sie erst verlieren, bevor wir uns an diesen Dingen erfreuen?
Hier sind noch einige andere Übungen, die dein Leben mit Dankbarkeit und Freude erfüllen können:

Stelle dir vor, der Arzt untersucht deine Augen und erklärt dir gerade die Diagnose ... Stelle dir diese Szene so lebhaft wie möglich vor. Lass keine Einzelheit im Sprechzimmer oder an der Person des Arztes unberücksichtigt ...

Der Arzt erklärt dir, dass dein Augenlicht schwächer wird, dass kein Arzt dir mehr helfen kann und dass du sehr wahrscheinlich innerhalb von drei oder vier Monaten blind sein wirst. Was empfindest du? ...

Dir wird bewusst, dass du nur noch drei oder vier Monate die sichtbare Welt in dich aufnehmen kannst. Was möchtest du vor allem noch sehen, bevor du erblindest? ... Beobachte, wie du die Dinge anblickst, nachdem du weißt, dass du erblinden wirst ...

Stelle dir vor, dass du tatsächlich blind geworden bist ... Wie lebst du als Blinder? Lass dir Zeit, damit du alle Empfindungen und Gefühle eines Blinden erproben kannst. Stelle dir den Tag eines Blinden vor, vom Aufstehen bis zur Nachtruhe … Nimm deine Mahlzeiten ein, „lies“ Bücher, unterhalte dich mit den Menschen, unternimm einen Spaziergang als ein Blinder …

Öffne schließlich deine Augen und erkenne, dass du sehen kannst … Was fühlst du? Was sagst du zu Gott? …

Die besten Dinge des Lebens sind uns geschenkt. Dinge wie das Sehvermögen, Gesundheit, Liebe, Freiheit und das Leben selbst. Schade nur, dass wir uns an ihnen nicht recht erfreuen. Wir sind zu sehr von dem Gedanken belastet, dass wir nicht genug von sehr nebensächlichen Dingen besitzen: wie Geld, gute Kleider und Ruhm. Als ich einmal zurück in meine Heimat flog, hatte das Flugzeug Verspätung und ich war verärgert. Als es dann den Flughafen erreicht hatte, kreiste es fast eine halbe Stunde wegen „technischer Schwierigkeiten“, wie es diskret hieß, über dem Flughafen, was uns noch mehr verspätete. Diese halbe Stunde war voller Spannung und Sorgen. Du kannst dir unsere Erleichterung vorstellen, als wir landeten. Was war mit meinem Ärger über die Verspätung geschehen? Der war verflogen. Wir waren sehr froh, sicher auf der Erde zu sein. Die Verspätung war nun eine dumme Kleinigkeit. Doch erst die Möglichkeit eines schweren Unfalls führte uns das vor Augen.
Ich las einmal von einem Mann, den die Nationalsozialisten gefangen hielten; der schrieb in einem

Brief an seine Familie über seine große Freude, dass er von einer fensterlosen Zelle zu einer anderen verlegt worden war. Diese hatte hoch oben ein Luftloch, durch das er ein Stück blauen Himmel bei Tag und nachts ein paar Sterne erkennen konnte. Das war für ihn eine große Beglückung. Nachdem ich diesen Brief gelesen hatte, schaute ich aus meinem Fenster auf die ganze Weite des Himmels. Ich war tausendmal reicher als dieser Gefangene und doch gab mir mein Reichtum nicht einmal einen Bruchteil der Freude, die jener von seinem Luftloch empfing. Ja, er gab mir überhaupt keine Freude.

Bedenke, was für ein Leben Gefangene oder Insassen eines Konzentrationslagers führen müssen – und wenn du tief in ihr Leben und in ihre Empfindungen eingedrungen bist, fahre mit dem Bus durch die Stadt, erfreue dich an allen Sehenswürdigkeiten und genieße deine Freiheit.

Hier noch eine weitere Übung dieser Art. Dann kannst du ähnliche Übungen selbst erfinden, bis dein Herz überfließt vor Dankbarkeit zu Gott für all die wunderbaren Dinge, die du besitzt.

Stelle dir vor, du liegst gelähmt im Krankenhaus … Deine Fantasie wird von der Vorstellung unterstützt werden, dass du auf dem Boden liegst (falls du die Übung in einer Gruppe machst) oder im Bett (falls du allein bist). Stelle dir vor, dass du vom Nacken abwärts kein Glied rühren kannst …

Stelle dir vor, wie du den ganzen Tag als Gelähmter verbringst ... Was machst du den ganzen Tag? Woran denkst du? Was fühlst du? Womit beschäftigst du dich? ...

Sei dir bewusst, dass du immerhin dein Augenlicht besitzt. Sei dafür dankbar ... Werde dir bewusst, dass du hören kannst. Auch dafür sei dankbar ... Werde dir dann bewusst, dass du noch klar denken kannst, dass du sprechen und dich ausdrücken kannst, dass du noch den Geschmackssinn hast, mit dem du Speisen genießen kannst. Sei dankbar für jede dieser Gaben Gottes ... Erkenne, wie reich du trotz deiner Lähmung bist! ...

Stell dir nun vor, dass die ärztliche Behandlung schließlich doch anschlägt und du wenigstens den Nacken bewegen kannst. Du kannst den Kopf hin und her drehen, zunächst mühsam, dann immer leichter, und dein Blickfeld wird viel weiter. Jetzt kannst du von einer Wand des Krankenzimmers zur anderen schauen, ohne dass jemand deinen ganzen Körper bewegen muss. Bemerke, wie dankbar du dafür bist ...

Kehre nun zu deiner gegenwärtigen Situation zurück und erkenne, dass du nicht gelähmt bist. Bewege sanft deine Finger und erkenne, dass sie Leben haben und sich bewegen können. Bewege deine Zehen, deine Arme und Beine ... Sprich jedes Mal ein Dankgebet, wenn du ein anderes Glied bewegst ...

Der Tag, an dem du für jede Kleinigkeit in deinem Leben Dankbarkeit empfinden kannst – für den fahrenden Zug; für das Wasser, das aus einem geöffneten Kran fließt; für das Licht, das das Zimmer erhellt, sobald du den Schalter drehst; für die reinen Laken auf deinem Bett – an diesem Tag wird dein Herz mit einer tiefen Zufriedenheit erfüllt sein und beinahe beständige Freude wird dein sein. Wer ständig froh sein will, der muss ständig dankbar sein; das ist das Geheimnis.
Wende diese Übung auf deine menschlichen Beziehungen an. Wenn du dich über einen Freund oder einen Verwandten ärgerst, stelle dir vor, dass er viel schlimmer ist, als er dir jetzt vorkommt; dass er viel mehr Schwächen hat, als du jetzt in ihm erkennst ... Dann werde dir aller seiner Stärken bewusst ... Du wirst ihn wahrscheinlich mehr schätzen als zuvor, seinetwegen dankbarer sein und es wird dir viel leichter fallen, ihm zu vergeben.

Übung 26 Das Leben in der rechten Perspektive sehen

Eine Variante der vorangegangenen Übung über den Wert des Lebens:

> Der Arzt hatte dir in dieser Übung noch zwei Monate normales Leben vorausgesagt. Die sind vergangen und du liegst krank im Bett ... Wo bist du? Betrachte deine Umgebung genau. Was

für ein Leben führst du jetzt? Wie verbringst du den ganzen Tag? ...

Stell dir vor, es ist Abend und du bist allein ... Du weißt nicht, wie viele Tage du noch leben wirst. Was empfindest du bei dem Gedanken, dass du nicht mehr lange zu leben hast? Dass du nie mehr arbeiten kannst? ...

In der Einsamkeit, in der du dich nun befindest, blicke auf dein Leben zurück. Erinnere dich an einige glückliche Augenblicke ...

Erinnere dich an einige traurige Augenblicke ... Was empfindest du jetzt, wenn du dich an traurige und schmerzliche Ereignisse erinnerst?

Erinnere dich an einige wichtige Entscheidungen, die du getroffen hast, Entscheidungen, die dein Leben oder das anderer Menschen wesentlich beeinflusst haben. Bereust du sie oder freust du dich über sie? Hast du gewisse Entscheidungen, die du hättest treffen sollen, versäumt? ...

Denke etwa zehn Minuten an einige wichtige Menschen in deinem Leben ... Welche Gesichter steigen sogleich in deinen Gedanken auf? Was empfindest du, während du an jeden Einzelnen denkst? ...

Hättest du die Möglichkeit, dein Leben noch einmal von vorn zu beginnen, würdest du das annehmen? Würdest du die Annahme von bestimmten Bedingungen abhängig machen? ...

Wenn du deinen Freunden nur *einen* Ratschlag, nur *einen* Satz zum Abschied sagen könntest, was würdest du sagen?

Wende dich nach einer Weile Christus zu. Stelle dir vor, er steht neben deinem Bett und du sprichst mit ihm …

Und noch eine Übung, die mit dem Sterben zusammenhängt:

Jesus wusste, dass er sterben würde, und er plante die letzten Stunden seines Lebens genau. Er verbrachte sie bewusst zuerst bei seinen Freunden, mit denen er eine Mahlzeit einnahm, und dann im Gebet mit seinem Vater, bevor er gefangen genommen wurde.

Wenn du die letzten Stunden deines Lebens planen könntest, wie wolltest du sie verbringen? Möchtest du allein oder in Gesellschaft sein? Wenn in Gesellschaft, dann mit welchen Menschen?

Beim letzten Abendmahl betete Jesus ein letztes Mal zum Vater. Welches abschließende Gebet würdest du gern sprechen?

Eine große positive Wirkung dieser Fantasie zum Thema Tod besteht nicht nur darin, dass man einen neuen Blick für den Wert des Lebens gewinnt, sondern auch ein Gefühl der Dringlichkeit. Ein orientalischer Dichter vergleicht den Tod mit einem Jäger, der im Gebüsch lauernd auf eine Ente zielt, die seelenruhig auf einem Teich schwimmt, ohne zu wissen, in welcher Gefahr sie schwebt. Mit solchen Fantasieübungen will ich dir keine Angst einflößen, sondern dir nur raten, dein Leben nicht zu vergeuden.

Übung 27 Wahrnehmungsübung über die Vergangenheit

Betrachte deinen ganzen Tagesablauf, als sähest du einen Film. Nehmen wir an, du machst diese Übung am Abend. Dann spulst du den abgelaufenen Film des Tages zurück, Szene für Szene, bis du beim ersten Augenblick des Morgens angekommen bist: beim Aufwachen.

Was hast du zum Beispiel unmittelbar vor Beginn dieser Übung getan? Du hast dieses Zimmer betreten, hast dich hingesetzt und dich gesammelt fürs Gebet. Diese Szene rufst du dir als Erstes ins Gedächtnis zurück. Was ist davor passiert? Du bist zum Zimmer hingegangen. Das ist die zweite Szene. Und davor? Du hast auf dem Weg zum Zimmer mit einem Freund ein paar Worte gewechselt. Das ist die dritte Szene.

Nimm jeweils eine Szene, eine Handlungseinheit, für sich und beobachte, was du tust, denkst und fühlst. Erlebe die Szene nicht nach. Nimm nicht in deiner Einbildungskraft an den Ereignissen teil (wie bei früheren Fantasieübungen), sondern beobachte sie nur von außen. Schaue sie losgelöst, wie ein neutraler Beobachter, an.

Werde zunächst ruhig, lass dir Zeit dabei, denn diese Übung verlangt große innere Sammlung. Mache eine Wahrnehmungsübung, dann kehre zur Gegenwart zurück …

Beginne, den Film zurückzuspulen, betrachte jedes Ereignis des Tages. Nimm dir Zeit, betrachte genau jedes Ereignis. Beobachte besonders den Hauptdarsteller, dich selbst, genau. Bemerke, wie er spielt, was er denkt, wie er sich fühlt …

Sehr wichtig ist, dass du hierbei eine neutrale Haltung behältst, dass du also weder missbilligst noch billigst, was du siehst. Beobachte nur. Urteile nicht. Werte nicht.

Wenn du während dieser Übung zerstreut wirst, versuche die Zerstreuung bis zu ihrem Ursprung zurückzuverfolgen, sobald du dir ihrer bewusst geworden bist. Wenn du dir plötzlich bewusst wirst, dass du an die nächste Mahlzeit denkst, dann frage dich, wie dieser Gedanke entstanden ist. Welcher Gedanke ging jenem über die Mahlzeit voraus? Und der Gedanke davor? … Bis du zu dem Punkt kommst, an dem du von deiner Aufgabe, den Film zurückzuspulen, abgekommen warst.

Verfolge diese Übung, bis du beim ersten Augenblick des Tages, beim Aufwachen, angekommen bist.

Es ist sehr schwer, diese Übung mit Erfolg durchzuführen. Sehr tiefe innere Sammlung ist dazu notwendig. Dieses Maß an Konzentration ist nur denen gegeben, die mit sich vollkommen in Frieden leben und deren Gedanken und andere Anlagen von diesem Frieden durchdrungen sind. Sei deshalb nicht entmutigt, wenn dein erster Versuch beinahe ganz fehlschlägt. Der bloße Versuch, diesen Film zurückzuspulen, wird dir guttun. Es wird wahrscheinlich am nützlichsten sein, wenn du zunächst nur eine oder zwei Szenen beobachtest. Die orientalischen Meister, die diese Übung entwickelt haben, behaupten, wer sie vollständig beherrscht (und folglich seine Gedanken genügend beherrscht, um diese Übung mit Erfolg auszuführen), kann sich mit vollkommener Klarheit nicht nur an jedes Ereignis des vergangenen Tages, sondern an jedes Ereignis der letzten Woche, des letzten Monats und Jahres erinnern und an seine ganze Vergangenheit bis zum Augenblick der Geburt.
Wenn du meinst, dass der Versuch, die Zerstreuungen bis zu ihrem Ursprung zu verfolgen, selbst eine große Zerstreuung ist, dann lass den Versuch fallen. Stattdessen kehre, wenn dir deine Zerstreuung bewusst wird, zur letzten Szene zurück, die du dir vorgestellt hattest, bevor die Zerstreuung einsetzte. Wer auch noch seine Zerstreuungen bis

zu ihrem Ursprung zurückverfolgen will, versucht vielleicht zu viel auf einmal.
Die Anweisung, dass du weder billigen noch missbilligen sollst, was du siehst, beruht auf der Lehre einiger orientalischer Meister, dass zur inneren Umkehr Billigung oder Missbilligung früherer Handlungen nicht notwendig sind. Die Willenskraft, die notwendig ist, um gute Vorsätze zu fassen, und die eigene Bestrafung, die eine Missbilligung früherer Handlungen nach sich zieht, können in dir innere Widerstände aufbauen; du wärst dann unnötigerweise in einem inneren Konflikt befangen, der sich auch negativ auswirken kann.
Die bewusste Wahrnehmung deiner selbst *(self-awareness)* vermeidet diese Gefahr. Ich behaupte nämlich, dass die Kraft der bewussten Wahrnehmung heilt und fördert, ohne die Hilfe von Beurteilungen und guten Vorsätzen. Die bloße Pflege der Wahrnehmung wird alles Ungesunde beseitigen und das Gute und Heilige wachsen lassen. Wie die Sonne, die den Pflanzen Leben gibt und gleichzeitig Bakterien abtötet. Du brauchst deine spirituellen oder psychischen Muskeln nicht anzuspannen; werde ruhig und gesammelt und friedvoll, das genügt – werde *bewusst*. Werde ein bewusster Mensch, so tief bewusst wie möglich. Ich stelle diese Behauptung auf. Wenn du einmal die Macht bewusster Selbstwahrnehmung, das, was Bewusstheit seiner selbst vermag, kennengelernt hast, dann hört sie auf, eine Behauptung zu sein, sie wird auch für dich eine persönliche Erfahrung.

Du kannst in deiner Übung einen Schritt weitergehen:

> Spule den Film noch einmal zurück und beobachte jedes Ereignis des Tages, jedes für sich …
>
> Wenn du eine Reihe Ereignisse beobachtet hast, wähle jenes aus, das dir am bedeutendsten erscheint, und beobachte es genauer …
>
> Jede Geste, jedes Wort, jedes Gefühl, jeder Gedanke, jede Reaktion sagen etwas über dich aus. Überlege, was sie aussagen.
>
> Analysiere nicht. Schau nur hin …

Und ein letzter Schritt:

> Wiederhole die letzte Übung, wähle ein Ereignis aus und beobachte es genauer …
>
> Christus war bei diesem Ereignis anwesend. Wo war er? Kannst du erkennen, auf welche Weise er handelte? Wie wirkte er? …

Übung 28 Wahrnehmungsübung über die Zukunft

In dieser Variante der vorhergehenden Übung beobachten wir die Ereignisse der Zukunft, nicht die der Vergangenheit. Diese Übung sollte morgens gemacht werden, während die letzte für den Abend passend war.

Beginne mit dem gegenwärtigen Augenblick, dann geh über zu den Ereignissen, die der Tag wahrscheinlich bringen wird … Du kannst dir nicht ganz sicher sein, gewiss, doch beobachte jene Ereignisse, die mit ziemlicher Sicherheit stattfinden werden: ein Gespräch mit einer bestimmten Person, deine Mahlzeiten, deine Gebetszeit, deine Fahrt zur Arbeit und zurück …

Beobachte die Ereignisse in der Reihenfolge, in der sie wahrscheinlich stattfinden werden … Versuche nicht, sie zu korrigieren oder besser zu machen: Schau nur hin. Beobachte nur …

Der nächste Schritt:

Beobachte diese Ereignisse noch einmal und erlebe dich selbst in ihnen so, wie du in ihnen am liebsten handeln (denken, fühlen, reagieren) möchtest … Keine guten Vorsätze! Erlebe dich nur selbst in deiner Vorstellung so, wie du am liebsten handeln würdest …

Stelle dir dann die Ereignisse so vor, wie sie geschehen würden, wenn alles nach deinen Wünschen ginge …

Der letzte Schritt:

Kehre zu jedem dieser Ereignisse zurück. Entdecke Christus und sein Wirken in jedem Ereignis …

Kehre zur Gegenwart zurück und beende die Übung mit einem Gebet zu Christus, der dir nun gegenwärtig ist.

Eine Variante:

Denke einen Augenblick daran, dass sich Gott in dir der Welt kundtut. Gott erscheint jedem, dem du heute begegnest, in dir ...

Beobachte nun diese zukünftigen Ereignisse und erlebe, wie sich Gott in deinen Handlungen kundtut ... Keine Missbilligungen oder Billigungen! Und vor allem keine guten Vorsätze! Schau nur hin. Erlebe nur diese Ereignisse, wie sie wahrscheinlich stattfinden werden; oder wie sie geschehen, wenn alles nach deinen Wünschen ginge ...

Übung 29 Wahrnehmung von Personen

Diese Übung ist eine einfache Abwandlung der letzten zwei Übungen. Die Bibel hat uns gelehrt, dass Jesus Christus, der auferstandene Herr, in unser Leben als ein Unbekannter eintritt. Das war die Erfahrung der Apostel nach der Auferstehung. Sie sahen ihn zuerst als einen Fremden an (auf dem Weg nach Emmaus, am Ufer des Sees Tiberias, am Grab, wo er der Maria von Magdala als Gärtner erschien) und später erst erkannten sie ihn als Jesus wieder.

Diese Übung soll dir zeigen, wie du den auferstandenen Herrn in allen Menschen wiedererkennen kannst, die du heute triffst.

Wiederhole die vorige Übung, stell dir einige Ereignisse vor, die wahrscheinlich heute stattfinden werden …

Verweile in Gedanken besonders bei den Menschen, denen du wahrscheinlich im Laufe des Tages begegnen wirst. Bedenke, dass jeder der auferstandene Herr selbst ist, der vor dir in unbekannter Gestalt erscheint …

Erkenne den Herrn in ihnen allen … Liebe ihn, verehre ihn, diene ihm. Verehre, diene und liebe Jesus in deiner Vorstellung sogar auf eine so innige Weise, die du dir gegenüber Menschen nicht erlauben könntest …

Kehre schließlich zur Gegenwart zurück. Werde dir der Anwesenheit Jesu bei dir in diesem Raum bewusst. Verehre ihn. Sprich mit ihm …

Dies war die letzte Fantasieübung. Die Fantasie ist ein sehr wertvolles Element in unserem Gebetsleben, wie überhaupt in jedem gesunden emotionalen Leben. Wenn sie mit Bedacht benutzt wird, nämlich als Mittel zur Vertiefung unserer inneren Sammlung und unseres inneren Schweigens – anstatt als Mittel zur angenehmen Vergnügung –, dann wird unser Gebetsleben davon sehr berei-

chert, wie du bei diesen Übungen selbst feststellen konntest.
Die heilige Teresa von Avila, die die Höhen mystischer Vereinigung mit Gott erreicht hatte, hat sich sehr für den Gebrauch der Fantasie beim Gebet eingesetzt. Sie war selbst sehr zerstreut und konnte nicht einmal für ein paar Minuten innerlich zur Ruhe kommen. Ihre Gebetsmethode war, sich in ihrem Inneren „einzuschließen", doch nahm sie dabei tausend Eitelkeiten mit hinein.
Später war sie dankbar dafür, dass ihre Gedanken so sehr umherschweiften, denn das zwang sie dazu, ihr Gebet aus dem Bereich des Denkens in den Bereich der Liebe und der Fantasie zu heben. Sie empfahl den Gebrauch von Bildern der Vorstellungskraft. Stell dir vor – sagte sie zum Beispiel –, du siehst Jesus in seiner Qual im Garten Getsemani; tröste ihn dort. Stell dir vor, dein Herz ist ein lieblicher Garten und Christus wandelt darin inmitten der Blumen. Stell dir vor, deine Seele ist ein schöner Palast mit Kristallwänden und Gott ist ein herrlicher Diamant genau in der Mitte des Palastes. Stell dir vor, deine Seele ist ein Paradies, ein Himmel, in dem du mit Freude überflutet wirst. Stell dir vor, du bist ein Schwamm, ganz voll gesogen – nicht mit Wasser –, sondern mit der Gegenwart Gottes. Erlebe Gott als einen Springbrunnen in der innersten Mitte deines Wesens. Oder als eine hell scheinende Sonne, die jedem Teil deines Wesens Licht gibt und ihre Strahlen aus deiner Herzensmitte aussendet.

Jedes dieser Bilder könnte zu einer ausführlichen Fantasieübung entfaltet werden. Teresa empfiehlt uns einmal, das Gebet aus der Vorstellungskraft und Fantasie erwachsen zu lassen, dann aber auch, das Herz zum Mittelpunkt des Gebets zu machen. Diese Gebetsweise – das Gebet des Herzens – besprechen wir in den nächsten Kapiteln.

Andachtsübungen

Übung 30 Die „benediktinische“ Methode

Diese Gebetsweise ist von der Kirche seit Jahrhunderten allgemein gepflegt worden; der heilige Benedikt soll sie zuerst angewandt, bekannt gemacht und verfeinert haben. Im Allgemeinen unterscheidet man drei Stufen: *lectio,* heilige Lektüre, *meditatio,* Reflexion, und *oratio,* Gebet.
Hier ist eine Möglichkeit, diese Art von Gebet zu üben:

> Komm zur Ruhe und stell dich in die Gegenwart Gottes ... Lies dann in einem religiösen Buch *(lectio),* bis du auf ein Wort, einen Ausdruck, einen Satz stößt, der dich besonders anzieht ... Höre dann auf zu lesen. Die erste Stufe der Übung ist vorbei und die zweite Stufe *(meditatio)* beginnt.

Ein Wort zur Auswahl des Buches, in dem du liest. Alle Bücher, die Andacht und Gebet fördern anstatt Spekulation, können benutzt werden. Das ideale Buch ist die Bibel. Die „Nachfolge Christi“ des Thomas von Kempen ist ebenfalls empfehlenswert; auch die Schriften der Kirchenväter und andere Andachtsbücher.
Wichtig ist, dass du einen Absatz auswählst, den du bereits kennst, sodass deine Neugier dich nicht dazu verleitet, immer mehr zu lesen. Der Zweck der Lektüre ist, dein Herz dem Gebet zu öffnen – nicht, die Neugier deines Verstands zu wecken.

Neugier ist entweder der unschätzbare Vorzug eines schöpferischen Geistes oder eine subtile Form der Faulheit. Sie wird Faulheit, wenn sie uns von einer scheinbar langweiligen Aufgabe, die wir zu bewältigen haben, abhält.
Nehmen wir an, dass du als *lectio* einen Absatz aus dem Neuen Testament oder aus den Psalmen wählst. Beide sind als Anregung zum Gebet hervorragend geeignet. Als Beispiel nehme ich einen meiner liebsten Abschnitte: Johannes 7,37f. Du beginnst zu lesen:

> „Am letzten Tag des Festes, dem großen Tag, stellte sich Jesus hin und rief: Wer Durst hat, komme zu mir, und es trinke, wer an mich glaubt. Wie die Schrift sagt: Aus seinem Innern werden Ströme von lebendigem Wasser fließen."

Nehmen wir an, dass du beeindruckt bist von den Worten: „Wer Durst hat, komme zu mir, und es trinke, wer an mich glaubt." (Jedenfalls geht es mir immer so.) Hier hört die *lectio* auf und die *meditatio* beginnt.
Die *meditatio* verrichten wir nicht mit unseren Gedanken, sondern mit unserem Mund. „Der Mund des Gerechten bewegt Worte der Weisheit" (Ps 37,30), heißt es in der Bibel. Wenn der Psalmist erzählt, wie er unentwegt Tag und Nacht über dem Gesetz Gottes sinnt – meditiert, weil dem Gaumen diese Meditation süßer ist als Honig von der

Wabe –, meint er dann Meditation als eine bloße intellektuelle Übung, als Reflexion über den Inhalt von Gottes Gesetz? Ich glaube, er meint damit auch die ständige Rezitation von Gottes Gesetz. Er meditiert also sowohl mit seinem Verstand als auch mit seinem Mund. Ebenso sollst du mit dem Zitat aus dem Johannesevangelium verfahren:

Wiederhole den Satz immer wieder – das kann innerlich geschehen; du brauchst die Worte nicht laut auszusprechen. Wichtig ist jedoch, dass du diese Worte immer wiederholst und deine Reflexion über ihre Bedeutung auf das absolute Minimum beschränkst. Im Grunde ist es besser, überhaupt nicht über sie nachzudenken. Du kennst die Bedeutung. Lass die Worte durch ihre ständige Wiederholung in dein Gefühl und in deine Gedanken sinken, sodass sie Teil von dir werden …

„Wer Durst hat, komme zu mir, und es trinke, wer an mich glaubt … Wer Durst hat, komme zu mir, und es trinke, wer an mich glaubt … Wer Durst hat …"

Du schmeckst und kostest die Worte, während du sie wiederholst … Wahrscheinlich wirst du den Satz automatisch verkürzen und einmal jenen Ausdruck, dann einen anderen besonders beachten. „Wer Durst hat, komme zu mir … Wer Durst hat … Durst hat … Durst hat …"

Nach einer Weile wirst du die Worte genügend ausgekostet haben. Du fühlst dich von ihnen ausgefüllt; die Andacht, die ihnen innewohnt, hat dich angerührt. Jetzt sollst du die Meditation abschließen und das Gebet *(oratio)* beginnen.
Wie geschieht das? Entweder sprichst du spontan mit dem Herrn, in dessen Gegenwart du bist, oder du verweilst lange Zeit schweigend in seiner Gegenwart, erfüllt von der Gnade, der Andacht, die diese Worte in dir entfacht haben. Also könntest du ungefähr die Übung folgendermaßen fortsetzen:

„Wer Durst hat … Durst hat … Durst hat … Meinst du das wirklich so, o Gott? Willst du allen Menschen, die Durst haben, lebendiges Wasser zu trinken geben? Brauchen wir nur Durst zu haben und du gibst uns zu trinken?

Ist es gleichgültig, ob ich ein Sünder bin oder ein Heiliger, ob ich dich liebe oder nicht, ob ich dir treu gewesen bin oder nicht? Genügt es, dass ich ein durstiger Mensch bin – und dass ich zu dir komme? …“

Oder du kannst etwa so sprechen: „Wer Durst hat, komme zu mir … komme zu mir … komme zu mir … Ich bin durstig, Herr, also komme ich zu dir. Doch komme ich ohne Selbstvertrauen. So oft bin ich schon zu dir gekommen und du hast meinen Durst nicht gelöscht. Was ist das für ein geheimnisvolles lebendiges Wasser, von dem du sprichst? Was hindert mich daran, es zu sehen und zu trinken? …"

Bete spontan auf diese Weise oder verharre in liebendem Schweigen vor dem Herrn, solange es dir ohne Zerstreuung möglich ist. Wenn du bemerkst, dass es dir schwerfällt, die *oratio* ohne Zerstreuung aufrechtzuerhalten, setze die *lectio* fort, wo du sie unterbrochen hast, bis dir ein anderer Satz besonders auffällt …
Der heilige Benedikt sagt: *Oratio sit brevis et pura.* „Gebet sei kurz und lauter." Er meint mit „kurz" nicht die Zeit, die wir der Meditation und dem Gebet überhaupt widmen. Er meint die dritte Stufe dieser Gebetsmethode, *oratio,* der man sich nur so lange widmen soll, wie sie „lauter" ist, das heißt, ohne Zerstreuungen. Wenn Zerstreuungen einsetzen, wird es Zeit für die nächste *lectio.* Die oratio wird für Anfänger meist kurz sein, weil sie es nicht gewohnt sind, sehr lange ohne Zerstreuungen zu beten.
Diese Gebetsweise eignet sich hervorragend zur Einführung in das Gebet des Herzens. Sie lässt den Verstand am Gebet teilnehmen und hält ihn so von Zerstreuungen fern. Gleichzeitig nimmt sie das Gebet vorsichtig vom diskursiven Denken und Reflektieren weg, hin zur Einfachheit und Herzensbeteiligung. Wenn du diese Art und Weise des Betens üben willst, such in den Psalmen – sie sind eine Goldmine. Wer kann der Kraft von Sätzen ausweichen wie den folgenden – und solche sind überall in den Psalmen verstreut zu finden:

Nach dir schmachtet mein Leib
wie dürres, lechzendes Land ohne Wasser. (63,2)

Ich denke an dich auf nächtlichem Lager
und sinne über dich nach, wenn ich wache.
(63,7)

Nur eines erbitte ich vom Herrn,
danach verlangt mich:
Im Haus des Herrn zu wohnen
alle Tage meines Lebens ...
Dein Angesicht, Herr, will ich suchen. (27,4.8)

Meine Seele wartet auf den Herrn
mehr als die Wächter auf den Morgen. (130,6)

Bei Gott allein kommt meine Seele zur Ruhe,
von ihm kommt mir Hilfe. (62,2)

Die einen sind stark durch Wagen,
die andern durch Rosse,
wir aber sind stark im Namen des Herrn,
unseres Gottes. (20,8)

In meiner Not rief ich zum Herrn
und schrie zu meinem Gott.
Herr, du mein Fels, meine Burg, mein Retter,
mein Gott, meine Feste, in der ich mich berge,
mein Schild und sicheres Heil, meine Zuflucht.
(18,7.3)

Da dachte ich: „Hätte ich doch Flügel
wie eine Taube, dann flöge ich davon
und käme zur Ruhe."

Wirf deine Sorge auf den Herrn,
er hält aufrecht! (55,7.23)

Mach mich wieder froh mit deinem Heil;
mit einem willigen Geist rüste mich aus!
(51,14)

Man kann diese Art des Betens auch in einer Gruppe üben. Zunächst bittet der Gruppenführer die Teilnehmer, eine Wahrnehmungsübung zu machen, damit sich das innere Schweigen in jedem vertiefen kann. Oder er bittet die Teilnehmer, selbstständig durch eine Methode, die jeder für sich auswählt, das innere Schweigen zu vertiefen. Nach dieser Schweigezeit singt der Gruppenführer mit lauter, klarer Stimme einen Satz aus der Heiligen Schrift; danach fällt er in Schweigen, damit die Worte in die Herzen der Teilnehmer sinken können. Je tiefer das Schweigen in deinem Herzen ist, desto machtvoller ist die Wirkung der Worte. Wenn du die Worte zerstreuend findest, dann gib nicht auf sie acht; nimm nur das Geräusch der Worte in deine Wahrnehmungswelt auf.
Man kann auch so vorgehen, dass die Gruppe die gesungenen Worte des Gruppenführers wiederholt, und zwar jeden Satz zwei- oder dreimal. Gib dem Schweigen genug Raum, damit die Worte voll aufgenommen werden können und eine empfängliche Atmosphäre für die folgenden Worte, die gesungen werden, entsteht.

Übung 31 Mündliches Gebet

Die meisten Menschen kennen den Unterschied zwischen mündlichem und innerem (mentalem) Gebet. Mündliches Gebet wird im Allgemeinen laut gesprochen, rezitiert; beim inneren Gebet stellt man sich vor, dass es mit dem Geist und dem Herzen gebetet wird. Man glaubt, dass mündliches Gebet häufig die beste Gebetsweise für Anfänger im spirituellen Leben ist; oder für Menschen, die zu ernsthafter Reflexion unfähig sind. Folglich ordnet man diese Gebetsweise dem inneren Gebet entschieden unter.

Diese landläufige Meinung ist irrig. Erst im Mittelalter ist diese deutliche Unterscheidung zwischen mündlichem und innerem Gebet in der Kirche gemacht worden. Davor konnten sich die Leute kaum vorstellen, dass jemand betete, ohne Worte zu gebrauchen. Männer wie der heilige Augustinus, der heilige Ambrosius oder heilige Chrysostomus hätten nicht verstanden, was wir heutzutage unseren spirituellen Anfängern sagen: „Sprich deine Gebete nicht – bete!" Sie hätten den Unterschied zwischen „Gebete sprechen" und „beten" nicht verstanden.

Ihnen waren durchaus jene Geisteszustände bekannt, die im Gebet über einen Kontemplativen kommen, wenn – wie die heilige Teresa von Avila sagt – Gott dir die Worte von den Lippen nimmt, sodass du nicht mehr sprechen kannst. Ein vollkommenes Schweigen kommt über dich, das alle Worte und Gedanken überflüssig macht. Doch

glaubten diese Heiligen sowie die überwiegende Mehrheit der großen Meister des Gebets, dass dich das mündliche Gebet viel leichter zu diesem Zustand führt als Gebet durch Gedanken.
Einer jener Meister war Johannes Klimakus, der die Menschen in die Kunst des Gebets durch eine Methode einführte, die so einfach ist, dass sie weitgehend übergangen wurde. Hier ist sie in ihren wesentlichen Zügen:

> Werde dir Gottes Gegenwart bewusst ... Sprich dann einen Gebetstext, indem du dich vollkommen auf die Worte konzentrierst, die du sprichst, und auf die Person, zu der du sprichst.
>
> Nehmen wir an, du wählst das Vaterunser. Sprich es vollkommen konzentriert von Anfang bis zum Ende.
>
> Wenn du an einer Stelle zerstreut wirst, kehre zu dem Wort oder Satz zurück, bei dem du zerstreut wurdest, und wiederhole Wort oder Satz, falls notwendig, immer wieder, bis du beim Sprechen vollkommen gesammelt bist.
>
> Nach dem ersten Sprechen wiederhole dasselbe Gebet immer wieder. Oder wähle ein anderes Gebet aus.

Das ist alles: Auf diese Methode haben viele unserer Heiligen ihr Gebetsleben gegründet. Und sie machten beachtliche Fortschritte in der Kunst des

Gebets und der Kontemplation allein aufgrund dieser Methode. Die heilige Teresa von Avila berichtet von einer einfachen Laienschwester, die sie bat, sie die *Meditation* zu lehren. Teresa fragte sie, wie sie bete, und fand heraus, dass sie nur sehr andächtig das „Vaterunser" und das „Gegrüßet seist du, Maria" fünfmal zu Ehren der fünf Wunden des Erlösers betete. Teresa entdeckte weiter, dass sie aufgrund dieses mündlichen Gebets die Höhen der Kontemplation erstiegen hatte und überhaupt keine Unterweisung darin brauchte.
Hier ist eine andere Möglichkeit, das mündliche Gebet zu üben. Sprich ein bestimmtes Gebet oder einen Psalm und beachte, welche Worte dir leicht über die Lippen kommen und welche dich am wenigsten ansprechen. Hier ist ein Beispiel:

„Der Herr ist mein Hirte,
nichts wird mir fehlen.
Er lässt mich lagern auf grünen Auen
und führt mich zum Ruheplatz am Wasser.
Er stillt mein Verlangen;
er leitet mich auf rechten Pfaden,
treu seinem Namen.
Muss ich auch wandern in finsterer Schlucht,
ich fürchte kein Unheil;
denn du bist bei mir,
dein Stock und dein Stab geben mir Zuversicht.

Du deckst mir den Tisch
vor den Augen meiner Feinde.

Du salbst mein Haupt mit Öl,
du füllst mir reichlich den Becher.
Lauter Güte und Huld werden mir folgen
mein Leben lang
und im Haus des Herrn
darf ich wohnen für lange Zeit."
(Psalm 23)

Wähle die Zeile des Psalms aus, die dir am meisten zusagt, die dir am leichtesten über die Lippen kommt. Wiederhole diese Zeile immer wieder ... Lass deinen hungrigen Geist sich daran sättigen. Du kannst noch eine oder zwei weitere Zeilen, die dich besonders anziehen, auswählen.

Wähle nun die Zeile aus, die dich am wenigsten anspricht ... Wiederhole diese Zeile immer wieder und achte darauf, was du fühlst. Was geschieht mit dir, wenn du diese Zeile aussprichst? Was sagt diese Zeile über dich oder über deine Beziehung mit Gott aus? Bete dann spontan zu Gott über diese Angelegenheit.

Während du diese Wege des Gebets entlangwanderst, wird es am sichersten sein, dass du einen kleinen Vorrat sammelst mit deinen liebsten mündlichen Gebeten und Liedern oder Psalmen; wenn du sie brauchst, kannst du sie sofort nachschlagen.
Manche Leute beklagen sich, diese Gebete seien „unpersönlich", weil sie vorgegebene Gebete sind. Doch ist das nicht richtig. Niemand spricht das

Vaterunser in derselben Weise wie ein anderer. Wenn du das Vaterunser sprichst, dann sinken diese Worte in dein Herz und in deine Gedanken ein. Sie formen dich, sie nehmen die Färbung an, die du ihnen verleihst, und sie steigen auf zu Gott in dieser unverwechselbar persönlichen Gestalt, die du ihnen gegeben hast. Diese Gebete müssen also keineswegs unpersönlich sein.

Übung 32 Das Jesusgebet

Die Christen der griechisch-orthodoxen und russisch-orthodoxen Kirche pflegen besonders das Jesusgebet – die unablässige Wiederholung des Namens „Jesus“. Diese Gebetsweise ist das Fundament ihres Gebetslebens und ihres religiösen Lebens allgemein. Ich schlage vor, du liest die „Aufrichtigen Erzählungen eines russischen Pilgers“[4]; wenn du dieses Buch gelesen hast, hast du einen guten Eindruck vom Wert dieses Gebets und wie man es einüben kann.
Die Hindus haben diese Gebetsweise in Indien jahrtausendelang gepflegt und sehr hoch entwickelt. Dieses Beten heißt dort das „Sicherinnern an den Namen“. Mahatma Gandhi, der ein eifriger Fürsprecher dieser Gebetsweise war, sagte, dass sie

---

[4] Hrsg. von Emmanuel Jungclaussen. Herder Verlag, Freiburg [4]1996. Vgl. auch: Willi Massa (Hrsg.): Die Höhle des Herzens. Mantra-Praxis und Namensgebet. Verlag Butzon & Bercker, Kevelaer 1982 (Anm. d. Übers.).

die außerordentlichsten Wirkungen auf Geist, Gedanken und Körper habe. Er behauptete, er habe sogar schon als Kind alle seine Angst überwunden, indem er ständig Gottes Namen wiederholt habe. Er sagte, in dieser Wiederholung von Gottes Namen stecke mehr Kraft als in der Atombombe. Und er sagte voraus, er werde nicht an einer Krankheit sterben; würde das geschehen, sollten alle Menschen ihn ruhig einen Heuchler schimpfen! Er glaubte, dass die ständige Wiederholung von Gottes Namen einen Menschen von jeder Krankheit heilen könne. Man muss allerdings während der Gebetszeit aus ganzem Herzen, mit seiner ganzen Seele und seinem ganzen Verstand den Namen wiederholen.
Außerhalb der Gebetszeit genügt auch eine eher mechanische Wiederholung des Namens. Durch diese scheinbare mechanische Wiederholung tritt der Name sozusagen in deinen Blutkreislauf ein, sinkt in die Tiefen des Unbewussten, des Seelengrunds – und ganz allmählich, doch unweigerlich, verwandeln sich dein Herz und dein Leben.
In dieser Übung und in einigen folgenden mache ich Vorschläge, wie man während der Gebetszeit den Namen einüben kann. Ich beschränke mich auf das Jesusgebet. Alle geistlichen Meister stellen fest, dass die Wiederholung jedes anderen Gottesnamens dieselben Wirkungen hat. Vielleicht ziehen einige als ihr „Mantra“ den Gottesnamen vor, den der Geist in unserem Herzen seufzend ausspricht: *Abba, Vater.*

Bitte zunächst um den Beistand des Heiligen Geistes. Nur in der Kraft des Geistes können wir den Namen Jesus würdig aussprechen …

Nun stell dir vor, Jesus wäre in deiner Nähe. In welcher Gestalt stellst du ihn dir am liebsten vor: als Kind, als Gekreuzigten, als den auferstandenen Herrn? …

Wo steht er? Vor dir? Einigen ist es eine große Hilfe, wenn sie sich vorstellen, dass der Herr in ihrem Herzen oder in ihrem Kopf wohnt. Einige Hindu-Meister empfehlen die Stirn als den „Sitz" Gottes, etwa zwischen den Augen. Wähle jenen Ort, der deiner Andacht am meisten hilft …

Sprich den Namen „Jesus" dann aus, wenn du einatmest, oder dann, wenn du ausatmest. Oder du sprichst die erste Silbe seines Namens beim Einatmen und die zweite Silbe beim Ausatmen. Wenn das für dich zu häufig ist, dann sprich den Namen bei jedem dritten oder vierten Atemzug. Es ist wichtig, dass dies sanft, gelöst und friedvoll geschieht …

Wenn du in der Gegenwart anderer bist, musst du den Namen innerlich sprechen; bist du allein, sage ihn halblaut, mit leiser Stimme.

Wenn du nach einer Weile ermüdest, ruhe dich ein wenig aus und beginne danach die Wiederholung des Namens von Neuem – etwa wie ein Vogel, der eine Weile seine Flügel schlägt, dann eine Weile gleitet und dann wieder die Flügel schlägt …

Gib darauf acht, was du bei der Wiederholung des Namens empfindest …

Sprich nach einer Weile den Namen mit unterschiedlichen Gefühlsregungen und jeweils anderer Haltung aus. Zuerst mit Verlangen. Ohne etwa in Worten zu sagen: „Herr, ich verlange nach dir!“, drücke diese Gefühlsregung durch die Art und Weise, in der du den Namen aussprichst, aus …

Fahre so eine Weile fort, dann wähle eine andere Gefühlsregung: Vertrauen. Durch die Wiederholung seines Namens lass Jesus wissen: „Herr, ich vertraue auf dich!“ Wähle danach noch andere Gefühlsregungen: Verehrung, Liebe, Reue, Lobpreis, Dankbarkeit und Hingabe …

Stelle dir nun vor, dass Jesus deinen Namen ausspricht – so wie er den Namen der Maria von Magdala am Auferstehungsmorgen aussprach … Niemand wird deinen Namen ganz so aussprechen wie Jesus. Mit welcher Gefühlsregung spricht er deinen Namen aus? Was empfindest du, wenn er deinen Namen ausspricht?

In den orthodoxen Kirchen rezitiert man den Namen „Jesus“ gewöhnlich als Teil des Jesusgebetes, das lautet: „Herr Jesus Christus, erbarme dich meiner.“ Dieses Gebet kann man auf folgende Weise gebrauchen:

Komm zur Ruhe und werde dir der Anwesenheit des auferstandenen Herrn bewusst. Stell dir vor, er steht vor dir …

Konzentriere dich eine Weile auf deinen Atem. Werde dir der Luft bewusst, die durch die Nase ein- und ausströmt …

Wenn du einatmest, sage den ersten Teil des Gebets: „Herr Jesus Christus" und stelle dir dabei vor, du atmest die Liebe, Gnade und Gegenwart unseres Herrn Jesus in dich ein. Stelle dir vor, du atmest alle Herrlichkeit seines Wesens ein. Halte dann den Atem einen kurzen Augenblick an und stelle dir vor, du würdest in dir alles behalten, was du eingeatmet hast; dass dein ganzes Wesen erfüllt ist mit seiner Gegenwart und Gnade …

Wenn du ausatmest, sprich den zweiten Teil des Gebets: „Erbarme dich meiner." Stelle dir dabei vor, du atmest alle deine Unreinheiten, alle Hindernisse, die du der Gnade in den Weg stellst, aus.

Die Worte: „Erbarme dich meiner" bedeuten nicht einfach „Vergib mir meine Sünden". Das Wort „Erbarmen" bedeutet für orthodoxe Christen viel mehr, nämlich Gnade und Güte. Wenn du also um Erbarmen bittest, dann bittest du auch um Gottes Gnade und Güte und um die Ausgießung seines Geistes.

Übung 33 Die tausend Namen Gottes

Diese Übung nimmt die hinduistische Praxis, die tausend Namen Gottes zu rezitieren, auf. Fromme Hindus geben sich die Mühe, die tausend Namen Gottes in Sanskrit auswendig zu lernen. Jeder Name hat eine tiefe Bedeutung und offenbart einen Aspekt des Göttlichen. Hindus rezitieren diese Namen während ihrer Gebetszeit.
Ich schlage vor, du erfindest tausend Namen für Jesus. Eifere dem Psalmisten nach, der nicht mit den üblichen Namen Gottes zufrieden ist, wie Herr, Erlöser, König; mit einer Kreativität, die aus einem liebenden Herzen fließt, erfindet er neue Namen für Gott: Du bist mein Fels, mein Schild, meine Burg, meine Wonne, mein Lied ...
Gib in dieser Weise auch deiner Kreativität Ausdruck und erfinde Namen für Jesus: Jesus, meine Freude! Jesus, meine Stärke! Jesus, meine Liebe! Jesus, mein Friede!

> Sprich bei jedem Ausatmen einen Namen Jesu ... Wenn ein Name dir besonders gefällt, wiederhole ihn immer wieder. Oder sprich ihn aus und verweile dann liebevoll bei ihm, ohne zu sprechen. Dann wähle einen neuen Namen, verweile dabei ... und geh zum nächsten Namen über ...

Der folgende Teil der Übung wird dich vielleicht sehr bewegen:

Stelle dir vor, Jesus erfindet Namen für dich. Welche Namen erfindet er für dich? Was empfindest du, wenn er dich bei diesem Namen ruft? …

Häufig wenden sich die Leute ab, um die liebevollen Worte, die Gott zu ihnen sagt, nicht zu hören. Sie können sie nicht ertragen. Deshalb hören sie entweder, wie Jesus negative Worte zu ihnen sagt, etwa „Sünder“, oder sie hören ihn überhaupt nicht. Sie müssen erst noch den Gott des Neuen Testaments entdecken, dessen Liebe für sie bedingungslos und unendlich ist. Sie müssen noch lernen, dass sie ein Recht darauf haben, Jesu Liebe zu spüren. Diese Übung soll darauf vorbereiten:

Gehe noch einen Schritt weiter und stelle dir vor, Jesus erfindet für dich genau dieselben Namen, die du für ihn erfunden hast – alle Namen, außer jenen, die unmittelbar Jesu Göttlichkeit zum Ausdruck bringen … Habe keine Angst, sondern setze dich der Glut seiner Liebe aus!

Vielleicht hast du – wie viele Menschen – Vorbehalte, dir vorzustellen, dass Christus zu dir spricht. In einigen Wahrnehmungsübungen empfahl ich, dass du zu Christus sprichst und dass du dir vorstellst, wie er mit dir spricht. Du magst fragen: „Wie kann ich wissen, ob Christus tatsächlich diese Worte zu mir spricht oder ob ich sie einfach erfinde? Spricht Christus mit mir oder bin nur ich

selbst es, der zu sich selbst durch das Bild Christi spricht, das ich vor mich hingezaubert habe?"
Die Antwort lautet: Du sprichst sehr wahrscheinlich zu dir selbst durch das Bild Christi, das deine Fantasie erzeugt hat. Doch unter der Oberfläche des Dialogs mit diesem „eingebildeten Christus" wird der Herr an deinem Herzen arbeiten. Es wird nicht lange dauern und du erfährst tatsächlich, wie dieser „eingebildete" Christus dir etwas sagt; die Wirkung seiner Worte (etwa Trost, Einsichten und Inspiration, Freude und Stärke) wird dir deutlich machen, dass sie unmittelbar vom Herrn kommen oder – wenn sie deine eigene Erfindung waren – von ihm benutzt wurden, um dir etwas mitzuteilen.
Bei dieser Übung kümmere dich nicht darum, dass die Worte Christi eine reine Erfindung von dir seien. Jesu Liebe für dich ist so groß, dass keine Worte, die du erfindest und in seinen Mund legst, jemals diese große Liebe ausdrücken könnten.

Übung 34 Spüre seinen Blick

Hier ist noch eine Übung, durch die du die Liebe Christi erfahren kannst. Die heilige Teresa von Avila hat sie sehr geschätzt. Es ist eine der grundlegenden Übungen, die sie allen empfohlen hat.

Stelle dir vor, Jesus steht vor dir … Er blickt dich an … Spüre seinen Blick …

Das ist alles! Teresa drückt die Übung in einem kurzen Satz aus: „Mira que te mira." – „Sieh, dass er dich ansieht."

Sie fügt jedoch noch zwei wichtige Adverbien hinzu: Sieh, dass er dich *liebevoll und demütig* ansieht. Gib acht, dass du beide Gefühlsregungen in Christi Blick spürst: Er sieht dich liebevoll an, er sieht dich demütig an.
Beide Gefühlsregungen können Schwierigkeiten ergeben. Vielen fällt es schwer, sich vorzustellen, Jesus blicke sie liebevoll an. Sie meinen, Jesus sei hart und fordernd, jemand, der uns nur liebt, wenn wir gut sind. Noch schwerer fällt ihnen, sich vorzustellen, Jesus blicke uns demütig an. Sie haben wiederum den Jesus des Neuen Testaments nicht verstanden. Sie nehmen es nicht ernst, dass Jesus ihr Diener geworden ist, der ihnen die Füße wäscht und bereitwillig den Tod eines Verbrechers starb aus Liebe für sie.
Spüre seinen Blick. Spüre die Liebe in seinem Blick. Spüre die Demut. Eine der Schwestern der heiligen Teresa, die diese Gebetsweise treu stundenlang übte, bekannte, sie fühle niemals Trockenheit in ihrem Gebet. Als sie gefragt wurde, wie sie bete, antwortete sie: „Ich biete mich dar, geliebt zu werden!"

Übung 35 Das Herz Christi

Noch eine Übung, durch die du die Liebe Gottes erfahren kannst. Ich habe sie von einem Prediger gelernt, der die Gabe hatte, Menschen, die sich nach christlicher Erfahrung sehnen, zum auferstandenen Herrn zu führen. Seine Gebetsweise, soweit ich mich erinnere, war etwa folgende:

Nehmen wir an, jemand kommt zu ihm und sagt: „Ich möchte dem auferstandenen Herrn begegnen." Der Prediger führt ihn an einen ruhigen Ort; sie schließen beide die Augen, senken die Köpfe und beten.

Dann sagt der Prediger etwa Folgendes: „Höre mir jetzt genau zu: Jesus Christus, der auferstandene Herr, ist bei uns anwesend. Glaubst du daran?" Nach einer Pause antwortet der andere: „Ja, ich glaube daran."

„Bedenke nun etwas, das noch schwieriger ist zu glauben. Jesus Christus, der auferstandene Herr, der hier anwesend ist, liebt dich und nimmt dich an – gerade so, wie du bist. Du musst dich nicht verändern, um seine Liebe zu empfangen. Du musst kein besserer Mensch werden, musst deine sündhaften Neigungen nicht aufgeben. Gewiss möchte er, dass du ein besserer Mensch wirst. Gewiss möchte er, dass du deine sündhaften Neigungen aufgibst. Aber um seine Liebe zu empfangen, brauchst du das nicht zu tun. Die hast du schon: in diesem Augenblick, gerade so, wie du bist, noch bevor du dich entscheidest, ein anderer Mensch zu

werden, und gleichgültig, ob du dich dazu entscheidest oder nicht. Glaubst du daran? Bedenke das eine Weile, dann sage mir, ob du daran glaubst oder nicht."
Nach einigem Nachdenken sagt der Mann: „Ja, auch daran glaube ich."
„Nun", erwidert der Prediger, „dann sprich mit Jesus. Sprich laut mit ihm."
Der Mann beginnt laut zu Gott zu beten und es dauert nicht lange, da greift er nach der Hand des Predigers und sagt: „Ich verstehe jetzt, was Sie mit Erfahrung Gottes meinen. Er ist hier! Ich spüre seine Anwesenheit!"
Bloße Einbildung? Ein besonderes Charisma jenes Predigers? Vielleicht. Gleichgültig, ob diese Methode einen Menschen tatsächlich mit dem auferstandenen Herrn in Berührung bringt oder nicht, ihr Grundsatz ist gewiss solide; diese Methode führt den Menschen sicherlich an die Erfahrung der unendlichen Liebe Gottes heran. Versuche es einmal selbst:

> Versetze dich in die Gegenwart des auferstandenen Herrn ... Sage ihm: Ich glaube daran, dass du jetzt bei mir anwesend bist ...

> Bedenke, dass er dich liebt und annimmt gerade so, wie du im Augenblick bist ... Nimm dir Zeit, damit du diese bedingungslose Liebe für dich spürst, während er dich *liebevoll und demütig* anblickt.

Sprich mit Christus oder ruhe nur liebend im Schweigen und habe Umgang mit ihm jenseits von Worten.

Die Verehrung des Herzens Jesu, die in früheren Jahren sehr tief war und jetzt im Niedergang begriffen ist, würde wiederaufblühen, wenn die Menschen Jesus Christus als fleischgewordene Liebe, als die Manifestation der bedingungslosen Liebe Gottes für uns annehmen könnten. Wer das annimmt, der erfährt in seinem Gebetsleben und Apostolat Früchte jenseits aller Erwartungen. Der große Wendepunkt in deinem Leben ist nicht die Entdeckung, dass du Gott liebst, sondern der Augenblick, in dem dir bewusst wird und du vollkommen annimmst, dass Gott dich bedingungslos liebt.

Exerzitanten stellen sich im Allgemeinen diese drei Fragen, die die Exerzitien des heiligen Ignatius berühmt gemacht haben: „Was habe ich für Christus getan? Was tue ich für Christus? Was will ich für Christus tun?" Die Antwort auf die dritte Frage sind meist allerlei großzügige Handlungen und Opfer, die der Exerzitant als Ausdruck seiner Liebe für Christus ausführen will. Mein Vorschlag für Exerzitanten ist: Nichts gibt Christus größere Freude, als dass du an seine bedingungslose Liebe für dich glaubst. Du wirst wahrscheinlich herausfinden, dass dieser Glaubensakt schwerer ist als so manche großzügigen Opfer, die du geplant hattest, aber dass er unendlich größere spirituelle Freude und spirituellen Fortschritt bringt als alles, was du für Christus tun kannst. Wenn du jemanden tief liebst – was wünschst du dann sehnlicher von ihm, als dass er an deine Liebe glaubt und sie vollkommen annimmt?

Übung 36 Der Name als Gegenwart

Die Übung des Jesusgebets hat manche Leute dazu verleitet, dem Namen „Jesus" einen Wert, der schon beinahe abergläubisch zu nennen ist, zu verleihen, indem man sogar den Namen selbst verehrt hat. Doch ist der Name „Jesus" nur ein Mittel, um zu Jesus selbst zu finden; die liebende Wiederholung seines Namens ist wertlos, wenn sie uns nicht in seine Gegenwart führt.

Nachdem du zur Ruhe gekommen bist, sprich langsam den Namen „Jesus" aus ... Spüre, wie die Gegenwart Jesu immer stärker wird ...

Wie erfährst du seine Gegenwart? Als ein Licht? Als vertiefte Andacht und Inbrunst? Als Dunkel und Trockenheit? ...

Wenn diese Gegenwart Jesu lebendig wird, ruhe in ihr ... Wenn sie schwächer wird, kehre zur Wiederholung seines Namens zurück ...

Übung 37 Fürbitten

Wir wissen sehr wenig über Jesu Gebetsleben. Es wird auf ewig das Geheimnis jener Berggipfel und Wüsten bleiben, in die er sich zum Gebet zurückzog.

Wir wissen, dass er die Psalmen gut gekannt hat; er muss sie wie jeder fromme Jude regelmäßig gebetet haben. Und wir wissen, dass er für geliebte Menschen gebetet hat. „Simon, Simon, der Satan hat verlangt, dass er euch wie Weizen sieben darf. Ich aber habe für dich gebetet, dass dein Glaube nicht erlischt" (Lk 22,31). Das ist ein knapper Hinweis, was Jesus in seiner Gebetszeit getan hat. Er betete für andere Menschen.

Ein weiterer Hinweis auf Fürbitten findet sich im Johannesevangelium: „Für sie bitte ich; nicht für die Welt bitte ich, sondern für alle, die du mir gegeben hast ... Heiliger Vater, bewahre sie in deinem Namen, den du mir gegeben hast, damit sie eins sind wie wir ... Aber ich bitte nicht nur für diese hier, sondern auch für alle, die durch ihr Wort an mich glauben. Alle sollen eins sein: Wie du, Vater, in mir bist und ich in dir bin, sollen auch sie in uns sein, damit die Welt glaubt, dass du mich gesandt hast" (17,9.11.20).

Die Bibel sagt uns auch, dass Jesus Christus heute für uns beim Vater bittet. Seine Aufgabe als Erlöser ist erfüllt. Nun hat er die Aufgabe eines Fürsprechers übernommen: Jesus „aber hat, weil er auf ewig bleibt, ein unvergängliches Priestertum. Darum kann er auch die, die durch ihn vor Gott hintreten, für immer retten; denn er lebt allezeit, um für sie einzutreten" (Hebr 7,24f.). „Wer kann die Auserwählten Gottes anklagen? Gott ist es, der gerecht macht. Wer kann sie verurteilen? Jesus Christus, der gestorben ist, mehr noch: der auferweckt worden ist, sitzt zur Rechten Gottes und tritt für uns ein" (Röm 8,33f.).

Fürbitten und Bittgebete (von denen im nächsten Kapitel die Rede ist) hat Jesus seinen Jüngern anempfohlen. „Die Ernte ist groß, aber es gibt nur wenige Arbeiter. Bittet also den Herrn der Ernte, Arbeiter für seine Ernte auszusenden" (Mt 9,37f.). Alle möglichen Einwände steigen auf: Warum sollen wir Gott um etwas bitten; weiß er nicht schon, dass wir es brauchen? Und überhaupt, es ist seine Ernte. Weiß er nicht selbst, dass er mehr Arbeiter braucht?

Jesus scheint alle diese Einwände beiseitezuschieben und ein geheimnisvolles Gesetz des Gebets zu verkünden: dass Gott aus eigenem Willen seine Macht in die Hände von Fürsprechern gelegt hat, sodass seine Macht unwirksam bleibt, wenn es keine Fürsprecher gibt.

Darin besteht die große Anziehungskraft der Fürbitten: Wenn du diese Gebete sprichst, bekommst du eine Ahnung von der ungeheuren Kraft, die im Gebet wirkt. Wer diese Kraft einmal gespürt hat, wird niemals mehr aufhören zu beten. Erst am Ende der Welt werden wir erfahren, wie das Schicksal der Menschen und Nationen nicht so sehr von den äußeren Handlungen machtvoller Menschen und von Ereignissen, die unvermeidbar erschienen, gestaltet worden ist, sondern von den stillen, unwiderstehbaren Gebeten bisher unbekannter Menschen.

In seinem Buch „Le Milieu Divin" erzählt Teilhard de Chardin[5] von einer Nonne, die in einer Kapelle in der Wüste betete. Dabei schienen sich alle Kräfte des Universums neu zu organisieren, um den Wünschen dieses winzigen betenden Menschen zu entsprechen; die Weltachse schien durch diese Wüstenkapelle zu führen. Jakobus schreibt: „Viel vermag das inständige Gebet eines Gerechten. Elija war ein Mensch wie wir; er betete inständig, es solle nicht regnen, und es regnete drei Jahre und sechs Monate nicht auf der Erde. Und er betete wieder; da gab der Himmel Regen und die Erde brachte ihre Früchte hervor" (Jak 5,16–18).

Man muss nur seine Briefe lesen, um zu erkennen, wie stark der heilige Paulus in seinem Apostolat von den Fürbitten Gebrauch gemacht hat. Er war kein begabter Redner, wie er selbst gegenüber den Korinthern zugab. Doch war er groß im Wunderwirken. Und er war ein mächtiger Beter. Hier sind zwei Beispiele, wie er für sein Volk gebeten hat: „Daher beuge ich meine Knie vor dem Vater, nach dessen Namen jedes Geschlecht im Himmel und auf der Erde benannt wird, und bitte, er möge

[5] Deutsch erschienen unter dem Titel: Das göttliche Milieu. Ein Entwurf des inneren Lebens. Benziger Verlag, Düsseldorf – Zürich 2000.

euch aufgrund des Reichtums seiner Herrlichkeit schenken, dass ihr in eurem Innern durch seinen Geist an Kraft und Stärke zunehmt. Durch den Glauben wohne Christus in eurem Herzen. In der Liebe verwurzelt und auf sie gegründet, sollt ihr zusammen mit allen Heiligen dazu fähig sein, die Länge und Breite, die Höhe und Tiefe zu ermessen und die Liebe Christi zu verstehen, die alle Erkenntnis übersteigt. So werdet ihr mehr und mehr von der ganzen Fülle Gottes erfüllt. Er aber, der durch die Macht, die in uns wirkt, unendlich viel mehr tun kann, als wir erbitten oder uns ausdenken können, er werde verherrlicht durch die Kirche und durch Christus Jesus in allen Generationen, für ewige Zeiten. Amen" (Eph 3,14–21).

„Ich danke meinem Gott jedes Mal, wenn ich an euch denke; immer, wenn ich für euch alle bete, tue ich es mit Freude ... Und ich bete darum, dass eure Liebe immer noch reicher an Einsicht und Verständnis wird, damit ihr beurteilen könnt, worauf es ankommt" (Phil 1,3f.; 9f.).

Es gibt kaum einen Brief des heiligen Paulus, in dem er seinen christlichen Gemeinden nicht versichert, dass er ohne Unterlass für sie betet, oder in dem er sie nicht um ihr Gebet bittet. „Hört nicht auf, zu beten und zu flehen! Betet jederzeit im Geist; seid wachsam, harrt aus und bittet für alle Heiligen, auch für mich: dass Gott mir das rechte Wort schenkt, wenn es darauf ankommt, mit Freimut das Geheimnis des Evangeliums zu verkünden, als dessen Gesandter ich im Gefängnis bin.

Bittet, dass ich in seiner Kraft freimütig zu reden vermag, wie es meine Pflicht ist" (Eph 6,18–20). Vielleicht hat dich der Herr zum Apostolat des Fürsprechers berufen, der die Welt und die Herzen der Menschen durch die Kraft seines Gebets verwandeln soll. „Nichts ist so machtvoll auf der Erde wie Reinheit und Gebet", sagt Teilhard de Chardin. Wenn du diese Berufung empfangen hast, dann wirst du Fürbitten, Fürsprache gewohnheitsmäßig am meisten pflegen. Selbst wenn diese Berufung nicht an dich ergangen ist, wirst du dich häufig von Gott gedrängt fühlen, zu verschiedenen Gelegenheiten für andere Menschen zu bitten. Es gibt viele Möglichkeiten, dieses Gebet zu üben. Hier ist eine:

Werde dir der Gegenwart Jesu bewusst, komme mit ihm in Berührung. Lass dir Zeit dabei ...

Stelle dir vor, dass dich Jesus mit seinem Leben und Licht, mit seiner Kraft durchflutet. Erlebe, wie dein ganzes Wesen von diesem Licht Jesu erleuchtet ist ...

Stelle dir nun in deiner Fantasie die Menschen vor, für die du beten möchtest, einen nach dem anderen. Lege deine Hand auf jeden und teile ihm das Leben und die Kraft mit, welche du gerade von Jesus empfangen hast ... Verfahre so mit einem nach dem anderen und lass dir Zeit dabei. Rufe auf jeden Christi Liebe herab, ohne Worte. Beobachte, wie auch jeder erleuchtet wird von Christi Leben und Liebe, wie jeder sich verwandelt …

Dann bitte für die nächste Person … und die nächste …

Es ist äußerst wichtig, dass du dir zu Beginn deiner Fürbitten der Gegenwart Jesu bewusst wirst und mit ihm in Berührung kommst. Sonst besteht die Gefahr, dass deine Fürbitten kein Gebet sind, sondern eine bloße Erinnerungsübung; dass deine Aufmerksamkeit nur auf die Menschen, für die du betest, gerichtet ist und nicht auf Gott.
Nachdem du auf diese Weise für einige Menschen gebetet hast, wird es gut sein, wieder eine Weile in Christi Gegenwart zu ruhen, von seiner Kraft und seinem Geist zu trinken und dann die Fürbitten fortzusetzen und noch anderen Menschen die Hand aufzulegen.

Nachdem du auf diese Weise für alle Menschen gebetet hast, die du liebst, bete nun für jene Menschen, die dir anvertraut sind: Pfarrer beten für ihre Gemeinden, Eltern für ihre Kinder, Lehrer für ihre Schüler und Schülerinnen …

Nach einer weiteren Pause, in der du von Neuem Christi Liebe und Kraft in dich einziehst, bete für deine „Gegner", denn Christus hat es uns zur Pflicht gemacht, für sie zu beten. Lege deine Hand segnend auf jeden Menschen, den du nicht magst oder der dich nicht mag, auf jene, die dich verletzt oder beleidigt haben ... Spüre, wie Christi Kraft von deinen Händen zu ihren Herzen dringt ...

Bitte dann für das Wohl ganzer Länder, für die Kirche ... Die Schätze Christi sind unendlich und du brauchst nicht zu fürchten, dass du sie erschöpfst, wenn du sie über ganze Länder und Völker ausgießt.

Lass deinen eigenen Geist eine Weile leer und lass den Heiligen Geist selbst Menschen und Anliegen, für die du betest, an dich herantragen ... Wenn dir jemand in den Sinn kommt, lege deine Hand auf ihn, im Namen Christi ...

Meine Erfahrung als Exerzitienmeister zeigt, dass einige Menschen, die eine tiefe Vereinigung mit Gott erfahren, sich dazu gedrängt fühlen, für andere zu beten. Anfangs sind sie besorgt, das könne sie zerstreuen. Aber dann entdecken sie, dass sie die tiefe Vereinigung gerade darum erfahren, damit sie für ihre Mitmenschen beten und dass diese Fürbitten sie keineswegs zerstreuen, sondern sie noch tiefer in die Vereinigung mit Gott führen.
Wenn du zum Apostolat des Fürsprechers berufen bist und häufig für andere Menschen bittest, wirst du auch feststellen, dass Christus dein eigenes Herz mit seinen Schätzen überflutet, je mehr du sie über andere ausschüttest. So wirst du, indem du für andere betest, selbst bereichert.

Übung 38 Bittgebete

Als die Apostel Jesus baten, er möge sie beten lehren, hat er sie eigentlich nur in Bittgebeten unterwiesen. Wer keine Bittgebete spricht, kann kaum behaupten, er folge Christi Anweisungen zum rechten Beten.

Im Lukasevangelium heißt es: „Jesus betete einmal an einem Ort; und als er das Gebet beendet hatte, sagte einer seiner Jünger zu ihm: Herr, lehre uns beten, wie schon Johannes seine Jünger beten gelehrt hat. Da sagte er zu ihnen: Wenn ihr betet, so sprecht: Vater, dein Name werde geheiligt. Dein Reich komme. Gib uns täglich das Brot, das wir brauchen. Und erlass uns unsere Sünden; denn auch wir erlassen jedem, was er uns schuldig ist. Und führe uns nicht in Versuchung“ (Lk 11,1–4).

Jeder Satz im Vaterunser ist eine Bitte! Der Herr selbst gibt darauf die folgende Erklärung. Wir nehmen sie als Teil einer Übung:

> Jesus sagte zu seinen Aposteln: „Wenn einer von euch einen Freund hat und um Mitternacht zu ihm geht und sagt: Freund, leih mir drei Brote; denn einer meiner Freunde, der auf Reisen ist, ist zu mir gekommen, und ich habe ihm nichts anzubieten!, wird dann etwa der Mann drinnen antworten: Lass mich in Ruhe, die Tür ist schon verschlossen und meine Kinder schlafen bei mir; ich kann nicht aufstehen und dir etwas geben? Ich sage euch: Wenn er schon nicht deswegen

aufsteht und ihm seine Bitte erfüllt, weil er sein Freund ist, so wird er doch wegen seiner Zudringlichkeit aufstehen und ihm geben, was er braucht.

Darum sage ich euch: Bittet, dann wird euch gegeben; sucht, dann werdet ihr finden; klopft an, dann wird euch geöffnet. Denn wer bittet, der empfängt; wer sucht, der findet; und wer anklopft, dem wird geöffnet. Oder ist unter euch ein Vater, der seinem Sohn eine Schlange gibt, wenn er um einen Fisch bittet, oder einen Skorpion, wenn er um ein Ei bittet? Wenn nun schon ihr, die ihr böse seid, euren Kindern gebt, was gut ist, wie viel mehr wird der Vater im Himmel den Heiligen Geist denen geben, die ihn bitten" (Lk 11,5–13).

Diese Worte überraschen durch ihre Einfachheit: „Bittet, dann wird euch gegeben ... Denn wer bittet, der empfängt ..."

Stelle dir vor, Jesus spricht zu dir diese Worte. Frage dich: „Glaube ich wirklich an diese Worte? Was bedeuten sie mir?"

Lass Jesus an den Antworten auf diese Fragen teilhaben.

Verfahre auf die gleiche Weise mit dem Text Lukas 18,1–6.

Oder nimm diesen Abschnitt aus dem Matthäusevangelium:

„Als er am Morgen in die Stadt zurückkehrte, hatte er Hunger. Da sah er am Weg einen Feigenbaum und ging auf ihn zu, fand aber nur Blätter daran. Da sagte er zu ihm: In Ewigkeit soll keine Frucht mehr an dir wachsen. Und der Feigenbaum verdorrte auf der Stelle. Als die Jünger das sahen, fragten sie erstaunt: Wie konnte der Feigenbaum so plötzlich verdorren? Jesus antwortete ihnen: Amen, das sage ich euch: Wenn ihr Glauben habt und nicht zweifelt, dann werdet ihr nicht nur das vollbringen, was ich mit dem Feigenbaum getan habe; selbst wenn ihr zu diesem Berg sagt: Heb dich empor und stürz dich ins Meer!, wird es geschehen. Und alles, was ihr im Gebet erbittet, werdet ihr erhalten, wenn ihr glaubt" (Mt 21,18–22).

Und den folgenden Abschnitt aus dem Markusevangelium:

„Als sie am nächsten Morgen an dem Feigenbaum vorbeikamen, sahen sie, dass er bis zu den Wurzeln verdorrt war. Da erinnerte sich Petrus und sagte zu Jesus: Rabbi, sieh doch, der Feigenbaum, den du verflucht hast, ist verdorrt. Jesus sagte zu ihnen: Ihr müsst Glauben an Gott haben. Amen, das sage ich euch: Wenn jemand zu diesem Berg sagt: Heb dich empor und stürz dich ins Meer!, und wenn er in seinem Herzen nicht zweifelt, sondern glaubt, dass geschieht, was er sagt, dann wird es geschehen. Darum sage ich euch: Alles, worum ihr betet und bittet –

glaubt nur, dass ihr es schon erhalten habt, dann wird es euch zuteil. Und wenn ihr beten wollt und ihr habt einem anderen etwas vorzuwerfen, dann vergebt ihm, damit auch euer Vater im Himmel euch eure Verfehlungen vergibt. Wenn ihr aber nicht vergebt, dann wird euch euer Vater im Himmel eure Verfehlungen auch nicht vergeben" (Mk 11,20–26).

Nachdem du über einige der genannten Texte nachgedacht und mit Jesus darüber gesprochen hast, komme zur Ruhe und beginne deine Bittgebete.

Vergib jedem Menschen, gegen den du einen Grund zur Klage hast. Sage jedem in deiner Vorstellung: „Ich vergebe dir von ganzem Herzen im Namen Jesu Christi, ebenso wie der Herr mir vergeben hat."

Bitte nun den Herrn, er möge dich mit dem Glauben erfüllen, der ein Bittgebet allmächtig werden lässt: „Herr, ich glaube, hilf meinem Unglauben."

Nun erbitte vom Herrn die Gabe, die du haben möchtest: Gesundheit, Erfolg in einer bestimmten Unternehmung …

Stelle dir vor, der Herr gibt dir diese Gabe, und du lobst ihn voll Freude deswegen … Stelle dir vor, der Herr enthält dir diese Gabe vor, doch erfüllt dein Herz mit Frieden, und du lobst ihn voll Freude deswegen …

Übung 39 Jesus, der Erlöser

Es gibt noch eine weitere Möglichkeit, das Jesusgebet zu pflegen: Durch die Wiederholung des Jesus-Namens stellst du dich nicht nur in die Gegenwart Jesu, sondern das Jesusgebet vermittelt dem, der betet, auch die Kraft der Erlösung (des Heiles). Jesus ist wesentlich der Erlöser. Das ist die Bedeutung seines Namens (siehe Mt 1,21). „Und in keinem anderen ist das Heil zu finden. Denn es ist uns Menschen kein anderer Name unter dem Himmel gegeben, durch den wir gerettet werden sollen" (Apg 4,12).
Die liebende Wiederholung des Namens „Jesus" stellt uns in seine Gegenwart. Wenn uns Jesus gegenwärtig ist, schenkt er uns Erlösung. Welche Art von Erlösung? Die Erlösung, die er vor zweitausend Jahren nach Palästina gebracht hat: Heilung von allen Krankheiten, den körperlichen, den emotionalen oder den spirituellen; und als Folge davon: Friede mit unseren Mitmenschen, mit Gott und mit uns selbst.
Ich habe vorher schon einmal von der Heilkraft des Jesusgebets gesprochen. Mahatma Gandhi würde diese Gebetsweise „die Medizin des armen Mannes" nennen. Der Jesus-Name heilt alle unsere Krankheiten, wenn wir seinen Namen über jede Wunde und bei jeder Krankheit gläubig wiederholen.
Die Wiederholung des Jesus-Namens schenkt uns auch Vergebung all unserer Sünden. Eine indische Geschichte erzählt von einem König, der seinen Bruder ermordet hatte, es bereute und dann zu ei-

nem heiligmäßigen Einsiedler ging, um Buße zu tun und Vergebung zu erlangen. Der Einsiedler war nicht zu Hause, als der König ankam. Ein Schüler des Einsiedlers gab dem König eine Buße. Er sagte: „Wiederhole den Namen Gottes dreimal und alle deine Sünden sind dir vergeben.“ Als der Einsiedler zurückkehrte und hörte, was der Schüler gesagt hatte, war er aufgebracht. Er sagte zu seinem Schüler: „Weißt du nicht, dass du nur einmal den Namen Gottes liebevoll auszusprechen brauchst, um die Sünden eines ganzen Königreiches abzuwaschen? Wie konntest du es wagen, dem König zu sagen, Gottes Namen dreimal zu wiederholen? Glaubst du denn gar nicht an die Kraft von Gottes Namen?“

Wiederhole den Namen „Jesus“ langsam und liebevoll, unterbrich dich dabei von Zeit zu Zeit und lass dich von Jesu Gegenwart erfüllen …

„Salbe“ nun alle deine Sinne und Fähigkeiten mit dem Namen Jesus. Die Bibel sagt: „Dein Name (ist) hingegossenes Salböl“ (Hld 1,3). Streiche also die Salbe seines Namens auf deine Augen, deine Füße, dein Herz, dein Gedächtnis, deinen Verstand, deinen Willen, deine Vorstellungskraft … Beobachte dabei, wie jeder Sinn, jeder Körperteil, alle Fähigkeiten von der Gegenwart und Kraft Jesu erleuchtet werden, bis dein ganzer Körper und dein ganzes Sein leuchtet und strahlt von seiner Gegenwart.

Nun salbe andere Menschen mit seinem Namen. Sprich ihn gläubig und liebevoll über jeden aus, über die Kranken und Leidenden, über deine Freunde, über sorgenbeladene Menschen, über jene, denen das Heil anderer Menschen anvertraut ist: Ärzte, Krankenschwestern, Berater, Pastoren, über jene Menschen, die du liebst. Erfahre, wie jeder von seinem machtvollen Namen gestärkt wird und zum vollen Leben erwacht …

Jedes Mal, wenn du müde wirst, kehre zu Jesu Gegenwart zurück und ruhe eine Weile in ihr …

Übung 40 Sätze der Evangelien

Für diese Übung musst du dir eine Liste der Anweisungen und Fragen, die Jesus an andere gerichtet hat, machen. Sätze wie: „Komm, folge mir … Komm her und sieh … Weide meine Lämmer … Steige hinab in die Tiefe … Ich werde euch zu Menschenfischern machen … Wacht und betet …", und Fragen wie: „Wer sagst du, der ich bin? … Liebst du mich? … Glaubst du, dass ich das vermag? … Was soll ich für dich tun? … Möchtest du geheilt werden? …"
Such dir eine Frage oder Einladung aus dieser Liste aus und beginne mit der Übung:

Stelle dir vor, du siehst den auferstandenen Herrn vor dir … Er spricht dich mit einer dieser

Fragen an oder lädt dich ein: „Komm her und sieh … Liebst du mich? …"

Antworte nicht sofort auf diesen Anruf oder diese Frage. Stelle dir vor, er wiederholt diese Worte immer und immer wieder … Lass diese Worte in deinem ganzen Wesen widerhallen …

Höre diesen Worten weiter zu. Sie sollen dich herausfordern, dich aufwecken, dich zu einer Antwort anreizen, bis du deine Antwort nicht länger hinauszögern kannst … Dann sage dem Herrn, was dir dein Herz eingibt.

Andächtige und wiederholte Lesung der Bibel, besonders des Neuen Testaments, schenkt deinem Gebet und deinem Leben großen Reichtum. Allmählich wirst du jene Textstellen entdecken, durch die der Herr auf besondere Weise mit dir in Verbindung treten will.
In Zeiten des Schmerzes und der Not, der Freude oder Einsamkeit wird der Herr häufig diese Worte in deinem Herzen wiederholen und dadurch mit dir in Verbindung treten. Und dein Herz wird brennen wie die Herzen der Emmausjünger, als der Herr ihnen die Heilige Schrift auslegte.

Übung 41 Heiliges Verlangen

Eine Gebetsweise, ebenso einfach wie begeisternd, ist das „heilige Verlangen". Der Ausdruck wurde

vom heiligen Ignatius von Loyola geprägt, der nämlich häufig von „Gebeten und heiligen Wünschen“ sprach. Er wies junge Jesuiten, die sich auf das Priestertum vorbereiteten, an, ihre ganze Zeit dem Studium zu widmen. Dadurch blieb ihnen wenig Zeit zum Gebet übrig. Doch könnten sie diesen Verlust durch ihr „heiliges Verlangen“ ausgleichen, große Taten für Gott und das Wohl der Menschen zu vollbringen. Ignatius sagte den Oberen der Kommunitäten, es sei ihre höchste Pflicht, die „Kommunitäten auf ihren Schultern zu tragen“ mit ihren Gebeten (Fürbitten für Mitglieder der Kommunitäten) und ihren heiligen Wünschen (große Dinge für ihre Kommunitäten zu vollbringen).
Ignatius selbst war inspiriert von großen und starken Wünschen; gerade das macht ihn zu jenem herausragenden Heiligen, der er ist. Zur Zeit seiner Bekehrung gab er sich einer Übung hin, die man am besten ein *„heiliges Tagträumen“* nennt; damit nährte er in sich die Sehnsucht, große Taten für Gott zu vollbringen. In seiner Fantasie unternahm er schwierige Unternehmungen für die Ausbreitung des Reiches Gottes. Er erinnerte sich an die großen Taten der Heiligen und sagte sich selbst: „Der heilige Franziskus hat dies und jenes für den Herrn getan. Ich werde noch mehr tun. Der heilige Dominikus hat andere große Taten vollbracht. Ich werde noch mehr tun.“ Er berichtet uns, dass ihn diese Übung stets mit einem Gefühl des Friedens, der Andacht und Stärke zurückgelassen hat; er nannte dieses Gefühl später „geistlichen Trost“.

Auch die heilige Teresa von Avila bestand auf der bewussten Förderung großer Wünsche. Sie riet diese Übung besonders dringlich den Anfängern an: Sie sollten ihr spirituelles Leben mit einem Gefühl der Freude und der Freiheit beginnen, sagte sie, mit großem Mut und erfüllt von dem Wunsch, sich im Dienst für Gott auszuzeichnen, denn Seine Majestät würde mutige und verwegene Seelen lieben …
Das ist psychologisch ganz richtig. Du wirst schwerlich erreichen, was du nicht einmal in deiner Vorstellung siehst. Du musst hohe Ziele und große visionäre Kraft haben, wenn du jemals viel erreichen willst.
Diese Übung hat zwei Teile. Der erste beschäftigt sich mit heiligem Verlangen zugunsten anderer, der zweite mit heiligem Verlangen zu deinen eigenen Gunsten.

Lass Gott die Wünsche wissen, die du für jeden Menschen hast, für den du beten möchtest … Stelle dir vor, jeder hat empfangen, wofür du gebetet hast. Du musst dein Gebet nicht in Worten ausdrücken. Zeige Gott nur die heiligen Wünsche, welche du zugunsten anderer hast, und erfahre, wie sie sich erfüllen.

So wie du für Einzelpersonen gebetet hast, so bete nun für Familien, Gemeinden, Gruppen, Länder und die ganze Kirche. Habe den Mut, allen Pessimismus zu überwinden, wünsche und erhoffe große Dinge. Erlebe, wie diese Dinge durch Gottes Macht in Erfüllung gehen …

Lass Gott nun die Wünsche wissen, die du für dein eigenes Leben hast. Zeige ihm all die großen Dinge, die du in seinem Dienst vollbringen willst … Die Tatsache, dass du diese Dinge niemals tun wirst oder dass du dich zu ihnen unfähig fühlst, ist unwichtig. Wichtig ist nur, dass du Gottes Herz erfreust, indem du ihm zeigst, wie groß deine Wünsche sind, auch wenn deine Kraft sehr gering ist … In dieser Weise unterhalten sich Liebende miteinander: Sie erzählen einander von der Unermesslichkeit ihrer Wünsche, die ihre begrenzten Fähigkeiten bei Weitem überschreiten.

Diese Übung ist auch noch auf andere Weise möglich. Erinnere dich an die großen Taten der Heiligen: des heiligen Paulus, des heiligen Franz Xaver oder eines anderen Heiligen, den du liebst und bewunderst … Wünsche, selbst diese großen Taten auszuführen. Führe sie in deiner Fantasie tatsächlich aus. Identifiziere dich mit der großen Liebe der Heiligen. Stelle dir vor, dass du durch Gottes Gnade tust, was sie getan haben; leidest, was sie gelitten haben aus Liebe zu Gott. Lege in deiner Fantasie dein ganzes sehnsüchtiges Verlangen offen, auch wenn du es in deiner Schwäche wohl niemals erreichen und erfüllen kannst …

Nenne Gott die Wünsche, die du für den heutigen Tag hast; was du für Gott tun willst. Stelle dir vor, du bist wirklich so, wie du sein möchtest, und tust wirklich, was du tun möchtest …

In einer Welt, die so großen Wert auf Leistung legt, vergessen wir gern den ungeheueren Wert von Wünschen, besonders wenn ihre Erfüllung nicht sofort möglich ist.

Übung 42 Gott im Mittelpunkt unseres Lebens

Als die Apostel Jesus baten, sie zu lehren, wie man betet, lehrte er sie dieses Gebet: „Unser Vater im Himmel, dein Name werde geheiligt, dein Reich komme, dein Wille geschehe …" Er beginnt das Gebet mit einer Anrufung seines Vaters, mit dem Gedanken an seines Vaters Reich, an seines Vaters Belange. Wir sind gewohnt zu glauben, Jesus sei nur für andere Menschen da gewesen, und das ist ganz richtig. Doch dürfen wir nicht die Tatsache übersehen, dass er in der Hauptsache für seinen Vater da war. Der Mittelpunkt seines Lebens war Gott.
Wir sind heute in der Gefahr, zu sehr den Menschen in den Mittelpunkt zu stellen. Die Gefühle des Psalmisten, der Gottes Hilfe von oben erwartet, sind uns nicht mehr vertraut. Wir sind in der Gefahr, zu erdgebunden zu sein und das Transzendente zu übersehen. Ohne das aber ist der Mensch kein ganzer Mensch.

Diese Übung soll uns helfen, Gott in den Mittelpunkt unseres Lebens zu stellen.

Mach eine Liste von all deinen Wünschen, soweit du dich an sie erinnern kannst: große und kleine Wünsche, „romantische" Wünsche, alltägliche ... Mach eine Liste von einigen Problemen, mit denen du ringst: Probleme in der Familie, bei der Arbeit, persönliche Probleme ...

Frage dich nun: Erlaube ich Gott, bei der Erfüllung meiner Wünsche mitzuhelfen? Welche Art von Hilfe leistet er? Bin ich damit zufrieden? Ist er damit zufrieden?

Frage dich dann: Welchen Anteil gebe ich Gott bei der Lösung meiner gegenwärtigen Probleme? Wie stark vertraue ich darin auf Gott? ...

Und noch eine Frage: Welchen Platz hat Gott auf der Liste meiner Wünsche? Sehne ich mich nach ihm? Wie stark ist diese Sehnsucht? ...

Hat meine Bemühung um Gott auch einen Platz auf der Liste der Probleme? ...

Nun gehe deine Wünsche oder Probleme der Reihe nach durch. Frage dich: Wie möchte ich diesen Wunsch verwirklichen? Wie versuche ich, dieses Problem zu lösen? Beschäftige deine Fantasie damit: Beobachte, wie du deine Wünsche verwirklichst und deine Probleme löst ... Gib acht auf die Mittel, die du dabei benutzt ...

Stelle nun alle diese Mittel Gott und seiner Macht anheim. Wichtig ist nur, dass du sie Gott anheimstellst, nicht, dass sie Ergebnisse hervorbringen ... Erlebe, wie jede Handlung, jeder Gedanke von Gott kommt und sich wieder zu Gott hinbewegt ... Nimm deine Empfindungen dabei wahr ...

Übung 43 Die lebendige Flamme der Liebe

Zu dieser Übung wurde ich durch das Buch „Die Wolke des Nichtwissens“[6] angeregt – ein Buch, das ich sehr bewundere. Es spricht mit geradezu mystischem Charme von einer dunklen Bewegung der Liebe, die aus unserem Herzen steigt und zu Gott hinstrebt.

Komme zur Ruhe mit Hilfe einer Wahrnehmungsübung. Lass dir Zeit dabei ...

Stelle dir vor, dass du bis in den tiefsten Grund deines Wesens herabsteigst, bis in deine Herzensmitte. Dort ist alles dunkel, doch gibt es dort eine Quelle, die zu Gott hinaufsprudelt. Oder stelle dir vor, du findest dort eine lebendige Flamme der Liebe, die zu Gott hinaufsteigt ...

---

6 Kontemplative Meditation. Die Wolke des Nichtwissens. Einführung und Text. Hrsg. von Willi Massa. Matthias-Grünewald-Verlag, Mainz ^{5}1980 (Topos-Taschenbuch Nr. 30) (Anm. d. Übers.).

Benenne nun die Quelle oder die Flamme mit einem Wort oder einem kurzen Satz. Sprich ihn im Rhythmus der sprudelnden Quelle oder der aufsteigenden Flamme aus … etwa nur den Namen „Jesus“, „Abba“ oder „Komm, Heiliger Geist“, „Mein Gott und mein alles“ …

Lausche, wie dieses Wort aus der Tiefe deines Wesens steigt. Sprich es nicht mit den Lippen aus. Du hörst es schwach, als komme es von weit her, aus der Tiefe deines Wesens …

Stelle dir nun vor, dass der Laut des Wortes wächst und allmählich dein ganzes Wesen ausfüllt, sodass du es im Kopf, in der Brust, im Magen hörst, in deinem ganzen Körper …

Dann stelle dir vor, dass der Laut den ganzen Raum erfüllt, die gesamte Umgebung. Er wächst weiter und erfüllt schließlich die Erde, den Himmel, bis das ganze Universum vom Wort, das aus deinem Innern aufsteigt, widerhallt …

Ruhe in diesem Wort … sprich es nun selbst liebevoll aus …

Übung 44 Das Gebet des Lobpreises

Wenn mich jemand fragte, welche Gebetsweise mir am tiefsten die Gegenwart Gottes fühlbar gemacht hat, würde ich, ohne zu zögern, jene nennen, die ich ans Ende meines Buches stelle: das

Gebet des Lobpreises. Es hat mir in Zeiten des Leids häufig großen Frieden und große Freude gebracht.

Das Gebet besteht einfach darin, dass wir Gott für alles loben, ihm für alles danken. Es gründet auf dem Glauben, dass nichts in unserem Leben geschieht, das nicht von Gott vorherbestimmt und vorausgesehen wird – nichts, nicht einmal unsere Sünden.

Natürlich will Gott die Sünde nicht. Er wollte auch nicht jene größte aller Sünden, die Ermordung von Jesus Christus. Und dennoch sagt uns die Bibel immer wieder, dass die Passion und der Tod Christi „geschrieben stand" und geschehen musste. Der Apostel Petrus bestätigt das in seiner Predigt an die Juden: „Ihn, der nach Gottes beschlossenem Willen und Vorauswissen hingegeben wurde, habt ihr durch die Hand von Gesetzlosen ans Kreuz geschlagen und umgebracht" (Apg 2,23).

Wir müssen die Sünde hassen und meiden. Doch können wir Gott sogar für unsere Sünden lobpreisen, nachdem wir sie bereut haben, denn er kann großen Nutzen aus ihnen ziehen. Deshalb singt die Kirche während der Osterliturgie in einer Ekstase der Liebe: „O glückliche Schuld ... O wahrhaft heilbringende Sünde des Adam!" Und der heilige Paulus sagt den Römern ausdrücklich: „Wo jedoch die Sünde mächtig wurde, da ist die Gnade übergroß geworden ... Heißt das nun, dass wir an der Sünde festhalten sollen, damit die Gnade mächtiger werde? Keineswegs!" (Röm 5,20; 6.1).

Das wagen wir uns kaum vorzustellen: dass wir Gott sogar für unsere Sünden danken und ihn lobpreisen können! Wir sollen unsere Sünden bedauern, gewiss. Doch ist das geschehen, müssen wir lernen, Gott auch dafür zu lobpreisen. Wären Herodes und Pilatus bekehrt worden, dann hätten sie gewiss ihre Mittäterschaft in der Passion Christi bereut. Sie hätten ihn dann aber auch lobpreisen können, weil er es zuließ, dass er durch ihre Hand gestorben und schließlich auferstanden ist.
Ich kenne so viele Menschen, die mit einer schweren Bürde von Schuldgefühlen wegen ihrer Sünden durchs Leben gehen. Jemand erzählte mir, er leide unter Schuldgefühlen – nicht wegen seiner Sünden, denn er war gewiss, dass sie ihm verziehen waren, sondern weil er einige Minuten zu spät an das Sterbebett seines Vaters gekommen war. Diese Schuldgefühle konnte er einfach nicht abschütteln, so sehr er sich auch bemühte. Welch unermessliche Erleichterung er fühlte, als ich ihn dazu brachte, ausdrücklich Gott dafür zu danken und ihn zu lobpreisen, dass er zu spät an das Sterbebett seines Vaters gekommen war. Plötzlich spürte er, dass alles gut war, alles in Gottes Hand war; Gott konnte sogar mit dieser Sache etwas anfangen und daraus Gutes ziehen.

Versuche es selbst:

> Erinnere dich an etwas, das dir Schmerz, Leid, Schuldgefühle oder Frustration verursacht …

Wenn du in irgendeiner Weise dafür verantwortlich bist, drücke dem Herrn gegenüber deine Reue und deinen Kummer aus …

Danke nun Gott ausdrücklich dafür und lobpreise ihn … Sage ihm, du glaubst, selbst diese Sache passe in den Plan, den Gott für dich hat; er wird sie also zum Nutzen für dich und für andere wenden, auch wenn du diesen Nutzen nicht erkennen kannst …

Übergib diese Sache und alle anderen Ereignisse deines Lebens – die vergangenen, gegenwärtigen und die zukünftigen – in die Hände Gottes und ruhe in dem Frieden und in der Erleichterung, die diese Entscheidung dir gibt.

Diese Übung entspricht genau der Lehre des Apostels Paulus an seine christlichen Gemeinden: „Freut euch zu jeder Zeit! Betet ohne Unterlass! Dankt für *alles;* denn das will Gott von euch, die ihr Christus Jesus gehört" (1 Thess 5,16–18). „Lasst in eurer Mitte Psalmen, Hymnen und Lieder erklingen, wie der Geist sie eingibt. Singt und jubelt aus vollem Herzen zum Lob des Herrn! Sagt Gott, dem Vater, *jederzeit* Dank für alles im Namen Jesu Christi, unseres Herrn!" (Eph 5,19–20). „Freut euch im Herrn zu jeder Zeit! Noch einmal sage ich: Freut euch! … Sorgt euch um nichts, sondern *bringt in jeder Lage betend und flehend eure Bitten mit Dank vor Gott!* Und der Friede Gottes, der alles Verstehen übersteigt, wird eure Herzen und eure Gedanken in der Gemeinschaft mit Christus Jesus bewahren“ (Phil 4,4–7).

Einige Menschen befürchten, dass sie träge und fatalistisch werden, wenn sie Gott für alles lobpreisen. Diese Schwierigkeit ist eher theoretischer als praktischer Natur. Jeder, der diese Art des Betens ernsthaft anwendet, weiß, dass wir uns zunächst so intensiv wie möglich bemühen, das Gute zu tun und das Böse zu unterlassen. Erst dann lobpreisen wir Gott für das Ergebnis, gleichgültig, wie es ausgefallen ist.

Die Gefahr, die ich in dieser Übung sehe, ist nicht Fatalismus, sondern dass wir unsere negativen Gefühle unterdrücken. Oft ist es notwendig, dass wir zunächst Verluste, die wir erleiden, beklagen oder unserem Ärger und unserer Frustration Luft machen, bevor wir Gott lobpreisen und unsere Herzen der Freude und dem Frieden öffnen.

Dieser Friede und diese Freude werden uns zur Gewohnheit werden, wenn wir Gott ständig lobpreisen und ihm danken. Die Enttäuschungen des Lebens, selbst unbedeutende Zwischenfälle (ein verspäteter Zug; schlechtes Wetter, wenn wir einen Spaziergang machen wollen; eine ungeschickte Bemerkung im Gespräch) hätten uns früher nervös und besorgt gemacht; doch jetzt tun wir ruhig, was wir tun können, und legen den Rest heiter in Gottes Hände, wohl wissend, dass alles gut sein wird, selbst wenn an der Oberfläche viel Störendes erscheint.

Eine chinesische Geschichte erzählt von einem alten Bauern, der ein altes Pferd für die Feldarbeit hatte.

Eines Tages entfloh das Pferd in die Berge, und als alle Nachbarn des Bauern sein Pech bedauerten, antwortete der Bauer: „Pech? Glück? Wer weiß?“ Eine Woche später kehrte das Pferd mit einer Herde Wildpferde aus den Bergen zurück und diesmal gratulierten die Nachbarn dem Bauern wegen seines Glücks. Seine Antwort hieß: „Glück? Pech? Wer weiß?“ Als der Sohn des Bauern versuchte, eines der Wildpferde zu zähmen, fiel er vom Rücken des Pferdes und brach sich ein Bein. Jeder hielt das für ein großes Pech. Nicht jedoch der Bauer, der nur sagte: „Pech? Glück? Wer weiß?“ Ein paar Wochen später marschierte die Armee ins Dorf und zog jeden tauglichen jungen Mann ein, den sie finden konnte. Als sie den Bauernsohn mit seinem gebrochenen Bein sahen, ließen sie ihn zurück. War das nun Glück? Pech? Wer weiß?

Was an der Oberfläche wie etwas Schlechtes, Nachteiliges aussieht, kann sich als etwas Gutes herausstellen. Und alles, was an der Oberfläche gut erscheint, kann in Wirklichkeit etwas Böses sein. Wir sind dann weise, wenn wir Gott die Entscheidung überlassen, was Glück und was Unglück ist; wenn wir ihm danken, dass für jene, die ihn lieben, alles zum Besten gedeiht. Dann werden wir ein wenig an der wunderbaren mystischen Vision der Juliana von Norwich teilhaben, die einen Ausspruch tat, der mir von allen, die ich je gelesen habe, der liebste und tröstlichste ist: „Und alles wird gut sein; und alles wird gut sein; und alle Dinge, die es gibt, werden gut sein!“

Nachwort des Übersetzers

In seinem Buch „Östliches und westliches Denken" (Reinbek 1967) berichtet William S. Haas von einem Gespräch mit einem Inder, das für ihn zum entscheidenden Erlebnis wurde. „Die Diskussion schien einen toten Punkt erreicht zu haben. Plötzlich wandte sich der Inder, während er auf die Blumen hinwies, die in reicher Pracht im Garten vor unseren Augen wuchsen, mit einer unerwarteten und scheinbar bedeutungslosen Frage mir zu:
‚Gegen welchen Hintergrund sehen Sie diese Blumen?', fragte er. ‚Gegen den Hintergrund jener Sträucher', antwortete ich. ‚Und gegen welchen Hintergrund sehen Sie jene Sträucher?', fuhr er fort. ‚Gegen den Hintergrund jener Bäume.' ‚Und gegen welchen Hintergrund sehen Sie jene Bäume?'
Wieder antwortete ich. Und so folgten eine Frage und ihre auf der Hand liegende Antwort der nächsten, bis folgende Frage aufkam: ‚Gegen welchen Hintergrund sehen Sie jene Wolken, die sich jenseits der Berge bewegen?' Die Antwort war natürlich – ‚gegen den Himmel'. Und dann kam die letzte Frage, ebenso ruhig wie die vorhergehenden vorgebracht:
‚Und gegen welchen Hintergrund sehen Sie den Himmel?'
Völlig verblüfft wusste ich keine Antwort. Der Inder wandte sich mir zu und sagte mit seiner sanften Stimme: ‚Ich werde es Ihnen sagen: gegen den Hintergrund des Bewusstseins'" (S. 8).

Ebenso hätte der Inder den schwierigen Weg nach Innen wählen und fragen können: Was steht hinter meinen Gedanken, Gefühlen, Instinkten ...? Und die Antwort wäre wieder: das Bewusstsein. Diese einfache Entdeckung des Bewusstseins als letzte Instanz der äußeren und der inneren Welt ist für den westlichen Menschen von enormer Sprengkraft. Sie löst ihn von der materialistischen Anschauung, die nur die Raum-Zeit-Dimensionen erfasst, und von dem seit der griechischen Philosophie im Westen verankerten Vertrauen auf den Verstand, auf das Denken als der letzten Instanz des inneren, geistigen Menschen.

Das vorliegende Buch des indischen Jesuiten Anthony de Mello macht sich diese einfache Entdeckung des Bewusstseins zunutze und schöpft sie für unser christliches Glaubensleben voll aus. Wer je bezweifelte, ob man östliche und westliche Denk- und Seinsweisen verbinden oder vermischen darf, soll nach diesem Buch üben: Die Ergebnisse werden für sich sprechen. Allerdings wurden drei kurze Fantasieübungen („Über den Tod", „Das eigene Begräbnis" und „Beim Betrachten des eigenen Leichnams") in dieser Übersetzung weggelassen; diese dem Buddhismus entlehnten Übungen scheinen sich schlecht in das Lebensgefühl des europäischen Lesers einzufügen.

Bewusstsein von sich selbst und bewusste Wahrnehmung der sinnlichen Dinge verlangen Konzentration. In diesem Buch ist darum immer wieder von der Notwendigkeit der Konzentration die Rede. Dem unbefangenen Leser mag es erscheinen, als sei Konzentration das eine Notwendige, um über Wahrnehmungs- und kontrollierte Fantasieübungen zu einer Erfahrung Gottes zu kommen. Vor dieser Meinung möchte ich warnen. Sowohl der Buddhismus (aus dessen Meditationspraxis der Autor insbesondere schöpft) als auch der Hinduismus weisen beständig darauf hin, dass Grundlage des kontemplativen Fortschritts ein ethischer Lebenswandel ist. Wer sich nicht um ein sündenloses, reines Leben bemüht, wird es niemals weit in seiner Konzentration bringen. Diese Einsicht ist auch den Übungen dieses Buches zugrunde gelegt.

Ein fundamentaler Vorbehalt einiger christlicher Theologen gegen die östlichen Meditationsweisen liegt in ihrem „Technik"-Charakter: Werde Meditation als Technik verstanden, verliere sie ihre spontane Zuwendung zu Gott; das Glaubensleben verliere seine Einfalt; dieses spezifisch christliche „Seid einfältig wie die Kinder" und die wesentliche Mitwirkung der göttlichen Gnade würden unmöglich. Gotteserfahrung sei dann etwas, das nur vom Menschen „geleistet" werde. Versteht man das Wort Technik hier absolut, dann ist diese Kritik berechtigt. Und ohne Zweifel hat es im Osten solche Auswüchse gegeben; es waren aber Auswüchse. Meditationstechnik, recht verstanden, bietet einen *Rahmen* für das Meditationsleben, ein *Gerüst*, an dem man sich hinaufarbeiten kann; ebenso wie das gläubige Leben christlicher Tradition immer auch der Regeln und der Disziplin (etwa im Mönchtum), der Anweisungen (der Kirche, des Beichtvaters) und Korrekturen bedürftig gewesen ist. Innerhalb des Rahmens, den die Meditationstechnik spannt, ist genügend Raum für Einfalt und Spontaneität – das Leben der buddhistischen und hinduistischen Heiligen beweist es. Und anstatt die Gnade von oben auszusperren, will die Technik den Übenden *systematisch* für die Gnade öffnen. Der Vorteil der östlichen Meditationstechnik gegenüber den wenigen christlichen Versuchen auf dem Gebiet und gegenüber der christlichen Askese ist nämlich, dass die östliche Meditationstechnik psychologisch genau zielgerichtet ist, sich gegen jede seelische und emotionale Bumerang-Wirkung absichert. Manche Yoga-Enthusiasten glauben, die östliche Meditationstechnik sei eine „Abkürzung" zu Gott. Auch vor dieser Meinung muss gewarnt werden. Dieses Buch nimmt den Übenden nichts von der Mühe und Not ab, die wesentlich zur Gottessuche gehören. Es kann nur mithelfen, dass die Übenden auf einem Weg gehen, der so gerade wie möglich zu Gott hinführt.

Nach meiner Meinung kann nicht das gesamte Glaubensleben in Übungen eingefangen werden, zumal wenn sie in einem Buch – nicht von einem lebend anwesenden Lehrer angeboten werden. Doch scheint mir, wer mit Ernst diese Übungen macht und in sich das Schweigen schafft, das uns der Autor so nachdrücklich empfiehlt, dem kommen die noch fehlenden Antworten – eben aus diesem Schweigen – wie „von selbst".

Santiniketan, Indien *Martin Kämpchen*